Rich致富 83

夏韻芬的理財3規劃

夏韻芬◎著

英屬維京群島商高寶國際有限公司台灣分公司
高寶國際集團

Rich致富館083

夏韻芬的理財3規劃

作　　者：夏韻芬
書系主編：張啓淵
編　　輯：李欣蓉
出 版 者：英屬維京群島商高寶國際有限公司台灣分公司
Global Group Holdings,Ltd.
地　　址：台北市內湖區新明路174巷15號1樓
網　　址：www.sitak.com.tw
E- mail：readers@sitak.com.tw（讀者服務部）
pr@sitak.com.tw（公關諮詢部）
電　　話：(02)27911197 27918621
電　　傳：出版部 (02)27955824　行銷部 27955825
郵政劃撥：19394552
戶　　名：英屬維京群島商高寶國際有限公司台灣分公司
發　　行：希代書版集團發行/Printed in Taiwan
出版日期：2005年4月初版

國家圖書出版品預行編目資料

夏韻芬的理財3規劃／夏韻芬著．
——初版．——台北市
：高寶國際出版：希代發行，2005〔民94〕
面；　　公分

ISBN 986-7323-26-2（平裝）
1.理財 2.投資
563　　　　　　　　94002978

自序

有關於投資理財的書，陸續寫了四本，題材包括人生的作戰資金、給女人的投資建議以及對於現金卡商品的使用方式，到這次第五本的時候，壓力很大，很多時候，我總是反覆在想「爲什麼專家要這麼說？」「有沒有更好的方法？」

我常說，投資理財的作法要進階，觀念也並非一成不變，所以我要更用功來發現新的想法，這樣才是更聰明、更健康的理財方式，就像以前大家都認爲父母親，一定要一個扮白臉，一個扮黑臉，結果呢？孩子總是畏懼甚至討厭爸爸，有的孩子因爲這樣自小就學會鑽漏洞，於是專家就會建議父母親態度要一致，才是管教良方。

回顧每個人的一生，總有三大志業要完成，分別是成家、立業以及退休三大主軸，這也是我這次寫書的重點，然而對應在理財的條件之下，二十年的房貸一定要提早還嗎？你有沒有算過早還會早吃虧？你以爲養兒防老嗎？我告訴你，養兒養到老的事實！退休一定要靠親兒子嗎？我覺得乾兒子比較可靠！你想創業嗎？千萬不要當最後一隻老鼠！

坦白說，談理財工具很簡單，要洞悉產品不難，但是產品會換，觀念不容易改變，有俗諺說「觀念要對，決策才會正確」。現階度的投資環境其實艱困，隨著物價上升，所有人荷包裡的錢正悄悄蒸發中，根據主計處的統計，去年一月到七月，平均實質經常性薪資爲三五〇一〇元，較去年同期衰退〇．〇八％，是二十四年來第一次負成長。

爲了增加收入，大家都在尋找「快速致富」的管道，許多民衆將資金轉往各種可以增加獲利的商品上，雖然央行在日前調升了利率，但揮別了低利率並不等於迎接高收益，根據主計處公佈：去年（九十三年）一至八月消費者物價指數，較去年同期上漲一．三七％，二○○四年全年可達到一．五％，目前國內銀行一年期定存利率在一．四％左右，顯示定存收益即將趕不上物價上漲的速度。因此在通膨蠢蠢欲動下，民衆在理財規劃時，觀念更要清楚。

價值投資大師巴菲特有一句名言，「股市成功的秘訣有三：第一、盡量避免風險，保住本金；第二，盡量避免風險，保住本金；第三，堅決牢記第一、第二條。」這個時代中，所有投資人更需要謹記這句話！

其實投資致富，沒有魔法，不能點石成金，只有基本功；只有觀念的改變、趨勢的判定！期待大家跟我一起成長！

最後我想把本書獻給媽媽，祝她身體早日康復，也感謝協助我出書的凱蕾、莎凌、欣蓉還有要感謝編輯們跟美編！謝謝一路支持我的讀者、我的妹妹以及老公！

夏韻芬

目錄

chapter 1 發現財富地圖

chapter 2 你忽略的十大投資盲點

目錄

chapter 3 投資現在式

chapter 4 活在當下，寄望未來

目錄

chapter 6 訂做財富人生

chapter 1

發現財富地圖

一、我看不懂地圖

很多人說，男人看得懂地圖是因為他們懶的問，女人看不懂地圖是因為，她們總是用問的。

坦白說，我是個看不懂地圖的人，老公常常因為這樣跟我發脾氣，因為我總是喜歡用問的，每次問了之後，就會得到不同的答案，有一次由墾丁到台東，我們就是為問路，一路問到山頂的絕路，進退不得。後來，我發現台灣同胞真是可愛，大家不但都好為人師，而且很容易憑記憶中的地圖來跟大家解說，當然，這樣的方式，會讓問路的人，陷入極大的風險。

還有一次，我到宜蘭，又是習慣地問路，因為通往梨山的路標識不清，於是我一路上就持續問路，有一個人好心地告訴我「直走之後右轉，到沒路的地方再問人」，我一樣聽話照做，到了沒路的時候，我已經開了半個小時的路，等到問人的時候，那人回答「你走錯了，退回原來的地方左轉才對」，聽完他的話，我簡直要「花瘋」了，我不知道該相信誰？要不要退回原點？

老公終於決定，讓我看地圖，可是對一個「地圖白痴」、同時又患有「地圖恐慌症」的我來說，總是一個希望工程。我老公總是說，如果路上，少了白痴女生開車，交通狀況會改善十倍。

一開始，我努力地找我的位置，於是我手中的地圖，就會變成旋轉地圖，忽上、忽下，有時候還要我把頭扭過去，倒過來看，這下子，總算找到我的位置，然後再來看我要去的地方，當然，我又要再一次旋轉地圖，轉完之後，我的頭也暈了，再也記不得我要怎樣到達目的地。

我的第一堂地圖課，就在一坨已經爛到不行的紙團中過去了，老公搖搖頭，揚長而去，我想他對我，應該是徹底失望了。

暑假時候，我去了好友秋芳位於德州休士頓的家裡，還帶著小孩去度假，她每天要上班，於是就要靠他老公ED開車帶我們出去，ED找到一本休士頓的地圖拿給我，還說「今天晚上研究一下，明天車就給你開，要去哪，就去哪！」我遲疑一下，他還安慰我「在美國開車跟台灣一樣，都是駕駛在左邊」，我的答案是「我連台北市地圖都不會看了，還去看美國地圖！」ED很吃驚，因為他發現不會看地圖的人，腦袋一定有一塊地方是空白的。

從美國回來，老公恍然大悟地跟我說，看地圖的第一步，不要旋轉，不要正過來看、倒過來看，要先看北方在哪裡，瞧，地圖上，不是有一個「N」的記號？嘿，多簡單，我已經會看「N」了！

然後我開始找我要去的地方，也許是已經跨進門檻了，我的「地圖恐懼症」好多了，眼見「地圖白痴」的污名即將去除，我的膽子也變得大了，敢跟我的地圖啟蒙老師槓上了，因為我總是找離自己最近的一條路，他總是找好開車的路。

我們爭執很多次，沒有誰對誰錯，卻意外發現，理財的地圖也是如此。很多人不會理財，就跟我不會看地圖一樣，學了，就會，問題是，看地圖其實是有學問的，特別是錯的時候，到底是退回去還是轉出去，還是條條大路通羅馬？你就跟我上一堂地圖課，你會跟我一樣，有不同的體驗！

理財小密碼

- 想要賺錢的人，就要仔細看看今年賺錢的地圖。

二、找一個熟悉的目標

最記得，每次跟老公約地點，假如約忠孝東路、復興北路的交叉口，就會有四個地區、八個路口，於是老公就會說，西向東的位置。我連東南西北都搞不清楚，哪知道東向西還是西向東。於是林立在馬路邊的店名就會成為我的代號，但是經歷過物換星移，店家總是有些改變，於是「分不清楚東南西北」又成為老公立志要教會我看地圖的強烈動機。

自從他教我看地圖要先看「N」之後，我的信心就來了，起碼知道我在東南西北的何處，還有我也知道我在東區，即將往南區移動，這樣還不夠，我還要找熟悉的目標，例如火車站、市政府、一〇一大樓，後來去中南部，儘管很多地標都不熟悉，但是起碼知道火車站、機場的方向。

有時候，自己在路上開車，我總是選擇自己熟悉的路，儘管那不是兩點之間最近的距離，不過我覺得熟悉，也比較放心。有一次，我由美蘭位於內湖瑞光路的辦公室開車到同是內湖舊宗路的三立電視台，其實她老公指點一下，說不用三分鐘就到了，不過我還是繞出港墘路，走了一個大方字路線，連塞車時間，總共花了快三十分鐘。

當然，我老公也是常常不按照地圖上兩點最近的距離來開車，不過他就不會出現像我這樣的舉動，例如，我由新店到內湖，一定乖乖的走基隆路，開到底之後上環東快速道路，這當然是最近的距離，不過老公就會走北二高一路飆到內湖再下來，他就說，那不是最近的距離，不過卻是最省時間。

幾次的道路訓練下來之後，我也發現，這跟我們的理財性格很像，一開始一定要找一個熟悉的目標，很多理財的人一定會勸大家不能做不熟悉的投資，就是這個道理，但是如果熟悉，當然可以這樣。我有一個設計師朋友，後來兼做中古屋買賣，因為他將中古屋重新整修之後再賣出，大賺好多錢，當然我也採訪過很多人套牢在房地產無法脫身。我也有朋友專門借人家放高利貸，儘管風險很高，不過她也賺很多錢。以前我還曾被同學誘拐去買靈骨塔投資，後來發現自己根本不敢跟別人開口銷售，如果不熟悉的商品，就像是在理財大道上迷路，不會找到方向。

多繞路其實也不是錯，就像十分保守的投資態度，別人一個月就可以賺個二％，一年賺個二四％，但是你一年放在銀行的報酬率只能賺二％，那也不要覺得難過，因為這樣你最安心，就像別人花三分鐘就會開到的地方，我會開上三十分鐘，儘管有點蠢，不過我卻很安心，因為我不用牢牢記住第二個紅綠燈要轉彎，萬一有一個閃黃燈，算不算是一個紅綠燈？每分鐘我都要擔心是不是依照「高人」指點來走，萬一走錯，要不要回頭？這樣的擔心受怕，已經讓我的方向盤失去準頭，容易發生危險，認路如此，理財也是這樣，找到自己熟悉的環境最重要。

理財小密碼

- 理財，一定要開始找一個熟悉的目標、熟悉的投資，找到熟悉的環境最重要。
- 不熟悉的商品，就像是在理財大道上迷路，不會找到方向。

三、走錯路怎麼辦

人在江湖行走，很怕走錯路，開車族的我，更怕！有意思的是，走錯路應該怎麼辦？退回去重走？由哪裡轉出去？還是條條大路通羅馬？其實都有可能！

走錯路通常都會心驚肉跳，有時候會驚惶不已，走錯路，最怕的是死巷，有一次我照著朋友的指示，開進一條巷子，沒多久，發現是死巷，我真想哭，因為要原路退回去，我每退一步，就要再往前開一段，前前後後，就是弄不出去，朋友很愧疚問我「怎麼辦？」，我說，「叫多啦A夢來，把車子縮小然後拿出去！」不然還真是沒有辦法，因為沒有退路是最痛苦的抉擇，有路走，還可以彎來彎去。有一次貪圖吃美味的火鍋，車子就停在信義路巷子，後來彎來彎去，好不痛苦，但是，就是最後彎出大路來了，總比遇到死巷好一百倍！

任何投資也是這樣，不能沒有退路，把最後的吃飯錢拿去賭，一定會輸，永遠要替自己留下後路，因為這樣才有重見大路的希望！

發現走錯了，一定要想辦法回到大路，畢竟大路上有明顯的路標，如果要問人，也要有明確的地址，對於沒有方向感的我，其實很不喜歡走地下道，因為一進入地下道，我就變成一隻沒有眼睛的小老鼠，每次走到出口一看，就會發現自己還在目標地點的對面。後來，發現台北市有很多地方都有斑馬線，還可以交叉通行，不用跟以前一樣，過到斜對面需要兩次紅綠燈，這種德政，對於我們這種路癡最受用。

其實在投資理財的道路上，總是會發現投機容易賺到錢，投資就是長期套牢，所以會走小路、走捷徑的人，也許都會賺到時間、賺到停車位，不過風險也大，包括彎路、甚至死巷都是風險，大路上的風險小，但是成本也高，當你發現走錯路的時候，先回大路，因為大路安全，也就是先找風險小的方式進行，過去，我們談保值跟保本就是這個做法。

由哪裡跌到，就由哪裡爬起，這是千古名言，所以走錯路，退回去重走，避免犯下相同的錯誤，就是很可貴的經驗。我訪問過很多的專家，很多人不是要看專家有多厲害、賺多少錢，大家更想知道專家會不會投資失利？會不會看走眼？其實如果是比較誠實的專家，大概都會承認這一點，其實也正因為他們也會失敗，但是卻成為專家，就是由失敗中記取教訓，然後不再犯，這樣才會更接近成功。

當然，路也是人走出來的，我很欣賞一個汽車廣告，直接開上牆壁，這是一種突破，所以有人說，當人走投無路的時候要恭喜他，因為他就要突破了，**永遠不要放棄任何一個機會，不要放棄學習，這就是通往理財大道的關鍵。**

理財小密碼

• 做任何投資都一樣，不能沒有退路。永遠要替自己留下後路，這樣才有重見大路的希望。

• 走錯路，退回去重走，避免犯下相同的錯誤，就是很可貴的經驗。

四、五子登科順序的調整

對於很多人來說，完成理財大業，主要的目的是擁有妻子、兒子、金子、車子以及房子，依此順序，來個五子登科，就是圓滿人生，但是，根據老人家的經驗，這五個順序，不能顛倒，否則壞了倫常，也不符合老一輩的希望。

現在如果你還堅持這樣的順序，我保證大家妻子娶不到，不是女人現實，而是女性意識彰顯，沒有房子，不能讓女主人有當家的感覺，沒有金子，也無法顯示你的超優質理財觀，女人也會嫌棄你的理財方式，這個時候，如果你把順序調一下，你就會符合大家的要求，完成自己的五子登科大夢。

現代人必須把買房子當成第一優先順序，其實現在很少人會注意保值效應，很多人還是一樣，大家都去買了，就趕快去看屋，或者看到美輪美奐的樣品屋，就迫不及待的去買房子，考慮保值因素，好像是我媽媽那個年代的事。

在我還小的時候，我們家一定要有一個儲藏間，當時有很多家庭跟我一樣，大家都要擠一個大通舖睡覺，但是儲藏室不能少，因為那個物價高漲的通膨年代，每一個家庭都經歷了瘋狂囤積沙拉油、衛生紙的景象，那個時候，房地產具有保值的功能，當時很多媽媽因為手邊有閒錢，買了房地產，現在受惠很多，所以如果在民國六十二至六十三年與六十八至六十九年，有買到房子，都算是贏家，因為當時房地產市場曾因低實質利率而出現了二波大的景氣高峰，房屋買賣熱絡無比。近來民生日用品紛紛漲價，連速食麵也要漲價，官方數字通膨更是居高不下，於是保值的觀念有再度盛行的跡象。

行政院主計處發布統計資料顯示，八月份國內消費者物價指數（ＣＰＩ）年增率二・五三％，是近六年來的次高紀錄，僅次於七月的三・三二％；躉售物價指數

（ＷＰＩ）也出現二十三年以來首度二位數成長，年增率高達一〇・三四％，國內物價壓力也愈來愈沉重。物價持續高漲的年代，日用品都會出現搶購，目前實質利率將由正轉負，房地產跟黃金都是老經驗人士的投資標的。

基本上，通貨膨脹會抵銷了存款利得，更何況在負實質利率下，如果存款一百萬在銀行，民眾的購買力不增反減，於是購買不動產成為資產保值的最佳管道。根據國內定存利率與物價漲跌幅比較研究後發現，實質利率愈低，房屋市場交易熱度的確有愈高的傾向，民國六十三、六十九年，歷史上二次負實質利率時期，房市交易均為當期景氣的高峰期。民國六十八年，當時物價漲幅高達九・七六％，實質利率二・七四％，為六年來的最低水準，次（六十九）年實質利率再降低為負六・五一％，而這二年是房地產七年景氣循環期的第二次景氣階段。民國六十二年物價上漲率為八・一六％，實質利率〇・八四％，次（六十三）年因物價指數漲幅高達四七・五％，實質利率調降為負三五％，這時期則是房地產七年景氣循環期的第一次景氣階段。

未來，高油價時代來臨，高通膨率將成為常態，未來縱使國內名目利率跟隨美國緩步調升，但預料扣減通貨膨脹率後，實質利率仍將處於歷史低檔，甚至持續出現負利率的現象。黃金、房地產等實質資產為通膨時代資產保值的最佳避風港，房地產保值性又遠高於黃金，因此低實質利率時代，民眾購屋意願將大幅增加，民眾購屋置產的熱潮將再度興起，只是也會有人問我，如果買不起房子應該怎麼辦？其實，我的想法是，就是如果想去買房子的時候，發現價格殺不下去，趕快去買營建股的股票，因為股票一定會漲，如果房價殺到合理地位，那就當然去買房子。

在目前的時機中，房子可以先買，但是車子不見得要先買，因為很多人出了社會，第一件事就是買車，但是買了車，跟著而來的消費就會增加，除了油錢、停車費之外，**每年固定的牌照稅、燃料稅、定期保養、保險等都是一大筆支出**，如果把買車的錢存下來，當成人生的第一桶金，我覺得是很好的模式，想想看，如果一樣都有五十萬，有人拿去買車，有人拿去做投資，三年之後，高下立見，因為買車的人在三年之後，花在車子身上的錢至少一、二十萬，於是車子的「價值」升高至七十萬，但是真正要去賣掉的時候，剩不到三十萬元，於是「賠了」四十萬元，但是反觀拿五十萬元去投資的人，再背也不會賠到四十萬元，這就是買車順序要延後的原因。

理財小密碼

- 現代人必須把買房子當成第一優先順序。
- 黃金、房地產等實質資產，為通膨時代資產保值的最佳避風港。

五、你不理債、債不理你

談起理財，人人都會朗朗上口一句話「你不理財，財不理你」但是，卻不知道，理債比理財更重要，很多人沒理財，財富不見得會大失血，但是沒理債，問題卻是一大堆，很多人還不了卡債，淪為卡奴，而自殺的社會案件與日俱增，突顯出「你不理債，債就一輩子跟著你」的危機。

到底國人的負債問題嚴不嚴重？根據一項非正式統計，國人每十四人就有一人用現金卡，每十位信用卡持卡人，就有三人動用循環信用，一家大型行庫銀行主管更透露，全台灣兩千三百萬人口，每十人就有一人是「卡奴」，背的卡債可能一輩子都還不了，更別說每年增加的自殺人口，受不了卡債壓力的案例，有逐年增多的趨勢。多數人都知道「利滾利」的厲害，卻很少人注意「債滾債」的可怕。

近年在消費金融快速成長之下，信用卡及現金卡急速發行，讓沒有理財概念的六、七年級生因不懂妥善支用個人消費而負債累累。Visa國際組織曾針對e世代做過網路調查發現，有高達五一%的受訪者缺乏日常理財的知識。在這項調查中只有五四%的人克勤克儉，小有積蓄。二九%的人屬於收支平衡，沒有結餘。另外有高達十二%的人是入不敷出，被負債壓的喘不過氣來，有的還有輕生的念頭。

隨著這些塑膠貨幣的發展，如何選擇及如何使用就成了一大學問，畢竟商品無罪，錯是錯在使用不當，但是對於時下過於誇大的廣告訊息，我也幾度表達不滿的觀察，據我所知，多家銀行都砸下了大筆的廣告預算，以今年來說至少花三億來促銷，其他像台新銀行、中華商銀、華南銀行……等，廣告費用也從億元起跳，在廣告的推波助瀾之下，讓年輕人落入另一個更大的資本主義消費陷阱中。而這樣浮濫的發行現金卡，除了造成社會問題外，更嚴重了呆帳比例，後果不堪設想，甚至還可能「債留子孫」。其實以現金卡來說，它是一種利用信用擴充而得的小額貸款，由於是擴充個人信用而得，因此，在使用上也就要特別注意借款與還款的習慣，特別是利息高達一八・二五%，能少碰就少碰。

對於**負債管理**，我有一些想法，**一、借款額不是愈高就愈好**：借貸額度愈高所需支付的利息就愈高，在固定的還款期限下，每月負擔額就愈高。**二、還款期並非愈長愈好**：因為還款期愈長往往意謂著利息支出愈多，應選擇最適合的還款期限。**三、適當的還款計畫**：配合本身財務狀況，妥善安排適合的還款時程，並與專業人員溝通，按時還款。至於採取雙週繳或月繳、本息攤還或本金攤還等，完全因人而異，最省錢的方式不一定適合個人實際財務狀況。**四、節制消費購物習慣**：節慾是逃離負債惡夢的第一步，錢要花在刀口上，切勿為追求時尚流行，動用高額的循環利率。**五、重視信用紀錄**：信用等於價格，好的信用紀錄能獲得較低利率。時時掌握可用資金，隨時注意每月帳單是否按時繳納，即便最少也要繳納最低應繳金額，再尋求適合代償產品，做好債務管理，才能讓人生不因一大墩的債務而由彩色變黑白。

理財小密碼

- 多數人都知道利滾利的厲害，卻很少人注意債滾債的可怕。
- 現金卡的使用上，要特別注意借款與還款的習慣。
- 做好債務管理，不讓人生因一大堆債務而由彩色變黑白。

六、女人最喜歡的兩種花

有一天，我心血來潮的問老公，猜猜看，女人最喜歡的兩種花，是哪兩種？老公拼命的想：紅玫瑰、黃玫瑰、粉紅玫瑰，要不就是香水百合，連山茶花都列入他的思考範圍，不過，我卻向他公佈，**全世界女人都喜歡的花就是：有錢花跟盡量花！**這不是冷笑話，其實這是揭開女性理財最大的動力！

所有的女性都喜歡花錢，尤其是花男人的錢，不過總是拿人手短，尤其是伸手的時候，還不知道有沒有，如果自己就能滿足這樣的需求，那麼人生就會更幸福！

基本上三十歲之前的女性，每月的薪水扣掉生活所需，通常所剩無幾，這也是一般人很容易放棄理財的原因，也有很多人忙著工作賺錢，但是賺的錢不是交給銀行，付信用卡，就是為了一個名牌包，我常常告訴女性朋友，省一個月的錢，買一個包，真是心疼，但是如果是一個漲停板，買一個包，真是幸福！

女人一定要有花錢的慾望，因為這才是賺錢的夢想，更是下定決心的勇氣來源，如果你一次逛街，就可花費近一萬元置裝費，身上戴的是名牌手錶和皮件，大家比來比去看誰的比較美、比較厲害，自己每個月賺個三、四萬元，到底夠不夠？答案當然是不夠。不夠，就要有賺錢的動力。

但是賺錢的動力，靠的是先花錢的勇氣。我看過很多女性淡薄名利，不喜歡錦衣玉食，也不喜歡名牌服飾，連出國旅遊都說：看看國家地理頻道就好了，連出國錢都省下來，這樣的人，其實不大容易會有賺錢的動機。過去，我的妹妹就是這種超保守的人，他喜歡的花，大概就是省錢花、不用花，因此不太理財、辛苦工作，存錢就是了。後來，他想幫自己買一支名貴的手錶，我發現，她每天都在逛基金網站，準備下手囉，這就是理財最大的動機。

紐約證券經紀公司資深副總裁、巴哈集團（The Bach Group）合夥人大衛・巴哈，在暢銷著作《聰明女人致富七招》提出，對於女性金錢的最大迷思是「賺更多錢，就會成為有錢人。」事實上，**決定財富因素，不是賺多少錢，而是能存多少錢。**問題不在收入，而在支出。當然，如果你想要多花、超額的花，你就要有理財的動機跟熱情，大師也說：**「未來二十年，決定你財富的因素，不是收入高低，而是你怎麼處理所賺的錢」**。

很多女性的投資特質上，常常會出現兩種極端的趨勢：一種是非常積極理財，把所的力氣、所有的錢都投到資本市場，她們積極聽消息、聽名牌，追求投資機會，即使受傷情況有時非常慘重，也不會改變自己的理財性格，於是多年努力總是零和遊戲，賺賠相抵！

另外一部份的人完全沒概念、完全不理財。有收入，不是花掉就是放銀行，有的寧願放在自己家裡的保險箱，也不願意做投資，因為「沒興趣、不想太麻煩！」

假設有一天下定決心去買一支基金，也是買了就放著，她們的財富不會有太大的變動，因為通常有一天想起來的時候，已經是多年以後的事。

這兩個極端都不是好的理財方式，如果沒有持續的熱情理財，沒有養成理財習慣，你只能在路邊買枝玫瑰花，滿足一下自己愛花的心理，但是內心深處的有錢花、盡量花的境界，就會漸行漸遠！

理財小密碼

- 有錢花跟盡量花，是揭開女性理財最大的動力。
- 一定要有花錢的慾望，因為這才是賺錢的夢想。

chapter 2

你忽略的十大投資盲點

一、狗屎經濟學

很多在資本市場打滾過的人，都知道有一個「狗屎經濟學」的笑話。

有兩個自以為聰明的經濟學天才青年，經常為了一些高深的經濟學理論爭辯不休。一天飯後一起去散步，為了某個數學驗證的證明，兩位傑出青年又爭執了起來，正在難分高下的時候，突然發現前面的草地上有一堆狗屎。

甲就對乙說：「如果你能把它吃下去，我願意出五千萬。」乙想，五千萬的誘惑可真不小，吃還是不吃呢?立刻掏出紙筆，進行了精確的數學計算，很快得出了經濟學上的最佳報酬率解：「吃!」

於是甲損失了五千萬，當然，乙吃的也很噁心。

兩個人繼續散步，突然又發現另一堆狗屎，這時候乙開始劇烈的反胃，而甲也有點心疼剛才花掉的五千萬了。於是乙對甲說：「你把它吃下去，我也給你五千萬。」於是，不同的計算方法，但是有相同的報酬率，於是結果：甲也『吃！』甲心滿意足的收回了五千萬，而乙似乎也找到了一點心理平衡。

可是突然間，天才們同時嚎啕大哭：鬧了半天我們什麼也沒有得到，卻白白的吃了兩堆狗屎！

他們怎麼也想不通，只好去請教他們的教授，一位著名的經濟學泰斗給他們解釋原因。

教授聽了兩位高徒的故事，沒想到泰斗也嚎啕大哭起來。好不容易等情緒穩定了一點，只見經濟學泰斗顫巍巍的舉起一根手指頭，無比激動地說：

「一億啊！一億啊！我親愛的同學，我代表國家感謝你們，你們僅僅吃了兩堆狗屎，就為國家的GDP（國內生產毛額）貢獻了一億的產值！」

這個狗屎經濟學，就像政府公佈的GDP背後通常有這種陷阱，因為光是買空賣空，雖然增加數字但並無法增進百姓的真正福利。

常常在投資的時候，明明知道景氣不好，但是政府公佈的數字都透漏著樂觀訊息，這個時候，我們就要有狗屎經濟學的本領，洞察先機。以我的經驗，直接問老闆：「今年錢好不好賺？」，訪問的老闆，可以是集團老闆，也可以是上市、上櫃公司老闆，或是中小企業都好，因為處在經濟的第一線，最知道景氣榮枯。還有計程車老闆、餐廳老闆也都值得去問，有一次，一家餐廳老闆樂不可支的說，最近大家都賺錢囉，每個人都是點三千元一客的套餐，果然，那幾天，股票漲，很多公司也都說景氣轉佳。

理財小密碼

• 不要迷信政府公佈的經濟數字，要隨時洞察先機，觀察市場上的景氣榮枯。

政府發布的重要經濟指標

每月 5 日	消費者物價指數 CPI 躉售物價指數 WPI	www.dgbasey.gov.tw/dgbas03/div3all.htm	主計處
每月 6 日	外匯存底 FR	www.cbc.gov.tw	中央銀行
每月 8 日	進出口統計概況 MEX	www.mof.gov.tw	財政部
每月 9 日	全國賦稅收支概況 TAX	www.mof.gov.tw	財政部
每月 21 日	工業生產指數 IND 外銷訂單	www.moea.gov.tw	經濟部
每月 23 日	失業率 JOBLESS 薪資增幅 SALARIES	www.dgbasey.gov.tw	主計處
每月 25 日	貨幣供給額 M1/M2	www.cbc.gov.tw	中央銀行
每月 27 日	景氣對策信號 領先指標 同時指標	www.cepd.gov.tw	經建會
每月 29 日	退票率	www.cbc.gov.tw	中央銀行
2、5、8、11 月中旬	經濟成長率 GNP	www.dgbasey.gov.tw	主計處
每季	房地產景景氣燈號	www.moi.gov.tw	內政部
6 月、12 月	經濟成長率	www.sinica.edu.tw/econ/index_c.html	中研院經研所
1、4、7、10 月中旬	經濟成長率	www.cier.edu.tw	中華經濟研究院
2、5、8、11 月中旬	經濟成長率	www.tier.org.tw www.tri.org.tw	台灣經濟研究院 台灣綜合研究院
每月 25 日	景氣動向調查月報	www.tier.org.tw	台灣經濟研究院
每月	消費者信心調查	www.tri.org.tw	台灣綜合研究院

二、年終獎金不要還房貸

年底到了，很多人開始規劃年終獎金的用途，這幾年下來，市場的「專家」總是會提出幾種建議，大概就是先還債，然後再做一些小額的投資，這樣的建議不能說是錯，但是我總覺得，太不人道，而且也不符理債的觀念。

對於年終獎金，我建議三招，大家都可以做到，一是**長期的貸款不要還**〈短期當然要還囉〉。二是**犒賞自己跟家人一番**〈人生不是只有投資股市，還有很多值得投資的地方，家庭就是首選〉。三是**量力而爲的投資**，把二分之一的比重放在組合式基金，其餘的錢放在新興股市，特別是亞洲市場是有機會賺錢的。

現代人的債務，大概可以分為利息較高的短期債務，例如現金卡或是信用貸款，因為原本就是短期的借貸，有年終獎金，當然優先償還，不過對於中長期的車貸或是房貸，要不要提早還貸款，是一個很大的學問。

一般人的車貸或許金額不高，因此，早還完不見得是壞事，但是房貸一貸二十年，早還一定吃虧！

舉一個例子來說，以跟會的例子來說，會頭最佔優勢，因為可以先拿一筆不用利息的錢來花，那麼，誰是第二個最大受益者？假設這個會是無風險的，這個最大受益者，就是尾會。套用在房貸的觀念中，房貸是用年金終值的概念計算，其中有很多微積分的概念，一般人很難推算，不過假設跟銀行借錢是沒有風險的〈銀行又不會倒〉，那麼繳二十年房貸的人〈也就是尾會的人〉最佔優勢。

我要這麼辛苦的解釋一個概念，其實就是要證明，有些「專家」的觀念並不適用，拿年終獎金來還債，短期的可以，如果是長期的本利一起攤還方式，還是奉勸大家不要急著還錢。但是**如果是一大筆錢，選擇先償還本金，以期把本金的利息降**

下來，先還債的觀念就十分正確，對於年終獎金不多的人，可千萬不要還房貸，還的快，虧的多，這就是理財最弔詭的地方。

坦白來說，在低利時代，年終獎金該怎麼用，一定要有正確的規劃，最重要的是先留下明年繳綜合所得稅的稅款，如果有剩餘的年終獎金可做一些有人性的規劃，例如犒賞自己，買一樣自己盼望已久的禮物給自己，也是不錯的選擇。我的一個朋友去年幫自己買一個CLINE的包包，今年就漲價三千元，每次拿了都高興；還有最近因為公公生病，加上醫療費用逐年上漲，我也建議大家要重新檢視醫療險的保障是否足夠。

我常常會看到很多投資人在領到年終獎金，立刻規劃投資行動，不過到了繳稅旺季就會想到要跟銀行借錢，這樣的作法並不聰明。因此**拿到年終獎金，最好先預留稅款**，避免屆時手頭存款不足，必須動用繳稅貸款。尤其今年（九十四年）在油價上漲的壓力之下，國內的水電、瓦斯、健保費等各項民生費用一片喊漲，上班族在收入沒有增加，但是支出卻會增多的時候，年終獎金就是活水源頭，不急著還債或是理財，而是留著備用。

除了留著備用比較安全之外，還有一種當務之急，就是幫自己跟家人規劃保險，我的一位朋友剛出社會，今年年終獎金只有二萬元，他非常沮喪的問我投資方式，我勸他幫自己買一個醫療險，大約二萬元左右，我覺得這才是最好的理財方式。如果已經有了保險，因為目前健保病房已經沒有空床，有的醫院為了成本，更是直接對病人說「沒有病床」，我想大家有空要問一下各大醫療院所的一等或是二等病房住院費的自付差額，之後再評估所買的醫療險是否足夠支應。

當然對於年終獎金麥克麥克的人來說，還是要考量積極的投資工具，畢竟根據今年主計處預測通貨膨脹率達一．六%，但是目前銀行的一年期定存利率卻只有一．五%左右，為了避免通膨吃掉定存利率，積極的投資人還是要降低定存比例，規畫更積極的投資工具，一方面對抗通膨，另一方面也比較有投資的實力。

理財小密碼

- 有些專家的觀念並不適用，拿年終獎金還債，如果是長期的本利一起攤還方式，還是奉勸大家不要急著還錢。

三、鬼月來買屋

想要入門當專家，第一步要克服就是「逆勢操作」，股市投資如此，房地產也是如此，任何的投資工具，你都必須克服這種恐懼。

打飛彈就是一個很好逆勢操作的購屋機會，因為在一九九六年中共進行軍事演練，甚至傳出打飛彈，發生台海危機時候，很多人都找到物美價廉的房子。我有很多朋友也都出現移民潮，他們不是移到國外，是由台北縣移到台北市，成本低廉，又得到眾人羨慕的眼光，連我都羨慕，不過飛彈沒有常常出現，倒是每年都會有鬼月。

每年農曆七月，也就是鬼月，以往都是「諸事不宜」，不過我卻認為，諸事都可以進行，唯有如此，才會佔到便宜。舉例來說，婚紗業就怕鬼月，沒有新人上門，於是鬼月都有特惠專案，連飯店都有折扣，我常看到美麗的「六月新娘」或是十月光輝的新人，甚至抱著年底成家立業大志的新人，常常因為找不到請客飯店而愁眉不展，如果能夠打破迷思，其實，都可以輕鬆成家立業。

當然**鬼月是最適合買房子的時候，一來買屋的人少**，服務周到，**二來議價空間大**，尤其買到房子難免要裝修，在鬼月裝修房子，工人容易找到，也容易如期完工。以往認為諸事不宜的觀念已逐漸淡化，農曆七月對房地產的影響已經越來越小，根據房地產仲介業者統計，自民國八十八年以來，各年每月平均成交量與農曆七月的成交量，發現差距的比例逐漸降低，以往根深柢固的農曆七月諸事不宜的想法，在步入二十一世紀之後已經淡化了。

北區房屋就統計近五年來農曆七月成交量與同年度每月的平均成交量作比較，發現自民國八十八年以來，農曆七月的成交量與每月平均成交量的差距逐漸縮小，

鬼月與每月平均成交量之差額比例

年度	比例
1999	28%
2000	18%
2001	13%
2002	27%
2003	13%
2004	21%

註：2004 年的交易量係以 1 ～ 7 月的月平均交易量與推估鬼月的交易量所作之比較。
（北區房屋不動產理財研究室 製表、製圖）

由民國八十八年的二八％，到去年的一三％，其間差距縮小一五％，農曆七月成交量放大的情形高過其他月份成交量放大的程度，顯示農曆七月的市場熱度逐年增溫。

除了老觀念已經改變之外，近年來，年輕的新世代購屋民眾幾乎已完全不在意鬼月購屋，這樣的市場，買方客戶已經學會掌握賣方心理，用力發揮議價的優勢，很容易買到價廉屋美的理想房屋，另一方面，農曆七月賣方的價格堅持度降低，促成買賣的速度加快。

由於時代的演進以及消費者購屋觀念的

改變，農曆七月所帶來的負面效應已逐漸淡化，當然，買了房子之後，消費者也可用遞延交屋的方式來避開農曆七月，以免貸款立刻壓在身上，可以預見未來農曆七月將逐漸淡化，如果你還忌諱鬼月不能買房子，集中在年底結婚、成家、請客，那麼你就難以脫離「套在最高點」的魔咒。

理財小密碼

- 想要當專家，第一部要克服的就是「逆勢操作」，如果你還有許多禁忌，那麼你就難以脫離「套到最高點的魔咒」！
- 農曆七月諸事都可進行，唯有如此，才會佔到便宜。

四、買名牌不如買名牌基金

年輕世代，每個人都希望有一個名牌的手機、球鞋，甚至名牌皮包、衣服，但是買名牌要花錢，買名牌基金，卻可以讓你賺錢。

新奢華主義風潮已吹向國內，根據日前一項針對五、六、七年級生的調查顯示，購買名牌皮包或手錶，工作一段時間就到國外旅行放鬆心情，是這群人普遍的生活態度，身為五年級的我，對於這樣的生活的確很嚮往，但是也不敢妄為，倒是買名牌基金比較符合我的理財原則。

投資不一定要硬梆梆，我就認為，**喜歡名牌的人，不妨投資於自己所喜愛的公司與品牌**，這樣不但會融入個人興趣與品味的投資概念，更是直接參與消費風潮帶來的龐大利潤，不花錢，卻會賺錢。

如果說投資名牌，最有名的例子是股神巴菲特，長期以來，他對可口可樂及吉列刮鬍刀的喜好，已經到無以自拔地步，於是他長期投資這兩家公司。有一次他說，對於吉列刮鬍刀，信心十足，因為每晚只要想到隔天早上會有二十五億的男性要刮鬍子，他就會開心的去睡覺，當然這項投資，的確讓他賺到大錢。

其實，不論你是喜愛日系商品的「哈日族」、愛好名牌精品的「奢華族」，或是專注產業發展的「專業族」或追隨大盤漲幅的「指數族」，都可以找到滿足個人品味的投資標的。基本上，針對喜愛日系商品的「哈日族」，有一檔「富達日本基金」，你熟悉的日本大廠 **Sony**、**Toyota**、**Canon**、**Fuji** 等公司通通納入投資標的。針對愛好名牌精品的「奢華族」，如果你還沒有錢買 **LV**，不如先投資 **LV**，**ING** 就有這樣的名牌基金。當然還有人不喜歡買名牌，但是喜歡高消費的度假，有一檔「景順消閒基金」，投資標的就是知名的電影公司、娛樂場、度假旅遊聖地、飯店、玩具、電子遊戲、烈酒製造商和珠寶銷售商等，其實這些都是新世代消費高族群可參與投資的好標的。

很多人很難跨出第一步，我有一個好友美蘭，本身很愛打扮，老公也是知名的室內設計師，不過她總是告訴我：「我看到名牌店，像LV、CD這些店，我都不敢進去！」其實不只是她，我想很多人並不跟我一樣大剌剌的，總想不買也沒關係，逛逛吧了，但是很多人，心思細、考慮多，總是無法跨出第一步。有一次，電視上有一個老婆婆，希望講一點英文，大家都鼓勵他開口講，於是她就講出：ARMANI、Gucci，這些名牌算是英文的入門，如果你不是老媽媽，那麼，你可以開始買名牌基金，這一步跨出去了，我想以後就會有本錢來買名牌了！

理財小密碼

- 喜歡名牌的人，可以投資到自己所喜愛的公司及品牌，這樣不但會融入個人興趣與品味的投資概念，更是直接參與消費風潮帶來的龐大利潤。
- 「哈日族」可選擇「富達日本基金」；「奢華族」可選擇ING的名牌基金；喜歡高消費度假的，可以選擇「景順消閒基金」。

五、賺信用卡公司的錢

在很多人的認知裡面，大概都是信用卡公司賺消費者的錢，因為包括信用卡的循環利息甚至現金卡的的利息，都是高的嚇人，不過我卻要鼓勵大家賺信用卡的錢。

儘管目前信用卡已經變成過街老鼠，人人喊打，韓國人甚至把最大的發卡銀行LG CARD弄垮了，可見信用卡氾濫程度。目前人人都有信用卡，如果妥善管理還是很好的理財工具，因為信用卡還是具有「先享受，後付款」的優勢，我常常在掏出信用卡的時候，先拿出我的「達文西密碼」看一下，上面記載著一大堆數字，例如010521 021703 032916，這樣我就知道應該刷哪一張卡。其實密碼很簡單，就是我的第一張卡結帳日是5日，繳款日是21日，如果今天是4日，你立刻刷卡，立刻入帳，

21日就會收到帳單，如果今天已經是18日，我也不會用這一張卡，我會選擇第二張卡，要第二個月才會入帳，第三個月的3日才會繳款。

我這樣做就是選擇離結帳日最長的卡片使用，這樣我應該付給信用卡公司的錢，可以在原來的帳戶中，多「生」一點利息錢，盡量把該付的錢往後推。不過這樣的做法，不包括把信用卡只支付循環利息來處理，這樣就會掉入信用卡公司賺你的錢的陷阱中。

在目前塑膠貨幣暢行的時代中，不可能不使用信用卡，不過使用信用卡一定要有方法，以我的習慣，一定保留簽帳的帳單，作為記帳的根據，當單據累積越來越多的時候，其實也是提醒自己是不是已經刷超過了預算。

以信用卡賺銀行的錢，其實只是一個小撇步，真正要佔銀行的便宜，就是要發揮財務的槓桿原理。簡單來說，就是跟銀行借比較低利息的錢，來賺比較高報酬率的錢，如果跟銀行借錢只要三%，可以賺到十%的獲利，那就是很好的槓桿原理。

不過，根據我的經驗，跟銀行借錢，總是有風險，心裡總是擔心受怕，如果借錢三%但是賺個五%，我覺得，扣掉心理的壓力，不是很划算。我就認識一位朋友，跟銀行借的五十萬元的房屋修繕貸款，利率約在五%左右，跟信用貸款以及信金卡動輒十%到十八%的利率比是相當划算，可是他去投資台積電、聯電，雖然知道公司不會倒，但是股價總是沒有起色，後來，股價下跌，他還要負擔房屋貸款的利息，每天愁雲慘霧，這樣的心理壓力實在不好過。

最近我也鼓勵大家能夠跟銀行借錢，畢竟低利率的好光景，不會太久。如果有機會借到低的利率，去投資殖利率有七%左右的股票（**很多投資顧問公司都有這樣的統計資料以及各股分析**），一方面確定有配息，同時比放在銀行定存好，這是比較穩健保守的作法。

其實，買屋也是很好佔銀行便宜的事，很多人說不能跟銀行借錢，不過買屋，能有多少人不跟銀行借錢？很多人，只要花三成的自備款，就可以買到房子，其他七成都跟銀行借，如果房子漲價賣掉，那就是很可觀的報酬率，舉例來說，花五百萬買一間房子，自備款是一百五十萬，如果房子漲價到六百萬，意義在於只花一百五十萬元，賺到一百萬元，報酬率有六六・六七%，但是，如果你是用五百萬現金買房子，六百萬賣掉，一樣是賺一百萬，不過資本報酬率只有二十%，這就是利用銀行來賺取更多資本報酬率的觀念。

只是，目前跟銀行借錢出現兩種極端的聲音，一種是認為高尚的行為，打著就是這種觀念，因為借了錢就可以走出人生康莊大道，不過很少人能夠把這樣的行為發揮效益。另一種是借錢是一種很糗的事，不過只要是生活上的必需，例如臨時工作受挫，房租、生活費或是孩子學費、醫療費用都需要借錢應急，這種錢，只要有機會就要還，否則就會自陷絕境，至於**借錢賺錢，需要膽識，更需要知識**，缺一不可！

理財小密碼

- 信用卡還是具有「先享受、後付款」的優勢。
- 保留簽帳的帳單，作為記帳的根據，當單據累積越多，就是提醒自己是不是刷超過了預算。

六、花錢跟賺錢

有一次在我主持的節目中，跟老朋友，也是理財專家的群益證券執行董事陳忠慶聊一個話題，那就是怎樣叫人家少花一點錢，他的理由很簡單，說給有理財概念的人聽，頗有警惕效果，那就是確認「**花錢是花稅前，但是賺錢卻是稅後**」，如果你不是很清楚，請耐心聽我的說明。

所有的人會花錢，花錢還不簡單，如果要省錢，就不要花，這也是簡單的道理。不過我要說的是，花是花「稅前」，也就是你　一百元買一件衣服，裡面就有五%的營業稅，簡單的說，這件的衣服，真正價值是九十五元，如果你還要借錢，付利息來買這件衣服，那麼這件衣服的實際價格就會大大超過一百元，也就是你要花一百二十元的價格去買一件價值九十五元的衣服。我常常看到，很多美少女在路邊瘋狂殺價，就是為了殺個十元、二十元，但是對於類似借錢買衣服這樣的行徑，卻沒想到會吃大虧，所以**借錢買東西最不智**。

當然，如果不是借錢買東西，那麼心情就會愉快多了。陳忠慶也是愛買一族，不過他買的東西，每一件都會增值，舉例來說：他最喜歡買鋼筆、鉛筆、原子筆，但是每一枝都價值不斐，很多支還因為限量而增值，「**每買一件東西就先考慮賣的時候會不會增值**」，是他的必勝絕招。

我也是愛買一族，不過我的買法，與陳忠慶稍有不同，畢竟女人總是想要擁有，不會考慮賣出。我在購買的時候，會考慮匯率的問題，去年趕在歐元一路上漲之下，買的皮包跟手錶都是「漲價前的末班車」，現在要出售，都有很大的空間，這也是我跟先生據理力爭「聰明消費」的有利武器。當然，我們都不會借錢買東西，同時即使是消費品也要考量以後的變現價值，這也是很多人要做精品投資的重要守則。

那麼賺錢就沒有問題了嗎？這也是一件傷心事，當你賺到一百元的時候，你真的以為賺到一百元了嗎？事實上，這一百元，還需要扣除綜合所得稅，不管是十五％、二十％，甚至三十％，你的一百元只剩下八十五元，或是更少。當然，如果你賺的錢，需要去還銀行，那麼，一來你要計算你的所得稅，然後再還原利息，再去算算要買東西的價值，因為每個人的所得稅稅率不同，借錢的利息也不同，不過這種方式，就是別人花一百元買的衣服，你可能要花一百五十元甚至二倍的錢來買。

對於上班族來說，都有這樣的經驗，明明一年下來，好不容易可以賺到一百萬元，不過扣掉所得稅，其實差距頗大。節稅的門檻其實很高，如果年薪沒有個五百萬元，很難靠會計師的協助，進行合法的節稅，於是想一想，稅前跟稅後的觀念，你就會對於賺錢與花錢有不同的體認。

理財小密碼

• 不要借錢買東西，當買一件東西時，都要去考量以後的變現價值。

七、要膽識，更要知識

還記得我剛開始練習開車的時候，老公都稱讚我「技術不怎樣，但是膽識過人」，的確，當我先把車頭轉出去時候，大家也只好讓我，尤其當我根本不管對方來車就要轉彎的時候，對方車道也就讓我了。後來，發現大家開車都比狠勁的時候，我就乖乖的練習看前視鏡以及兩旁的照後鏡。很多人剛開始投資的時候，也是膽識十足，大概就是應證老人家的一句話「瞎子不怕槍」。

我常說，投資的路途十分遙遠，因為不但要有膽識、要有花錢的勇氣，才會有賺錢的動力，同時也要有知識，畢竟已經有人喊很多年了，這是知識經濟時代，懂得越多，賺得越多，偏偏很多時候，很多人就是不懂，被人家騙了很多。

舉個例子來說，目前銀行的定存利率大概是一・四二五％，很多人拿了五百萬的退休金，一年利息只有七萬一千二百五十元，平均一個月六千元不到，於是有銀行就說，只要你買了公司的海外基金，那麼利息就可以以三％計算，很多人撥撥算盤，發現很理想，於是就通通答應銀行的條件：購買同額度的海外基金。當然，買海外基金，可能賺錢，也可能賠錢，這就要看幾分運氣，不過，銀行不會主動告訴你，買海外基金要手續費，這手續費也大約是三％左右，於是銀行「提高」你的定存利率，但是也收走你的海外基金的手續費，一樣都是三％，所以你沒有賺到，是銀行賺走了。

這種需要知識的例子很多，最常看到的就是教你刷信用卡，不收利息，但是收手續費、收管理費。或者說，借你一萬元，每天只收你利息五元，看起來十分的誘人，而且現在的五元，簡直沒有用武之地，連買茶葉蛋都要七元，於是很多人趕快借錢，如果把五元乘上三百六十五天，再除以一萬元，乘上百分之百，你的借款利率一樣是一八·二五 %，跟所有的現金卡公司的利率都一樣。連這種簡單的，你都會被吸引住，更何況有一些比較複雜的投資工具，根本讓你無法用計算機就可以算出來。

很多時候，我們已經會使用計算機，總是能夠算出一點基本的本金、利息以及年利率等等，不過，光是用計算機是不夠的。舉例來說：跟銀行借三萬元，一個月還三千元，利息很容易算出來是十%，你以為已經很厲害了嗎？其實，如果是本利攤還的方式，我們每月開始還的錢是含本金以及利息，於是本金是每月下降的，我們是越借越少，但是每月還是還三千元，如果以本息攤還的利息來算，真正的利息將近二十%，不是你以為的十%，有一種財務計算機可以算出來，不過包括我在內，我也沒有使用這樣的計算，這樣你就會知道，銀行家數總是越開越多，我們的荷包總是越來越瘦。

有一種很簡單的方式來計算銀行給你的「優惠」條件，如果，你分六期攤還，加起來的總額等於金額，那就是真的零利率，如果加起來有超過借貸或是消費的錢，那就是有利息的借款，不管是動用費，還是管理費，其實都應該算是利息費用，所以**當銀行推出讓你覺得「心動」的產品，請不要先行動，記得「計算一下」**，即使沒有財務計算機，普通的計算機也會讓你看出端倪。

所以，膽識也許人人都有一些，只是程度稍有不同。有人敢孤注一擲，但是也有人小心謹慎，遲遲不敢越雷池一步，不過知識就是除了膽識經驗值之外，還必須有的基本配備，尤其**這個投資年代，每個人都要隨時隨地的充實自己的投資知識**。

理財小密碼

- 這是個知識經濟的時代，懂得越多，賺得越多。
- 買東西時，若使用分期攤還，加起來的總額等於金額，那就是真的零利率。

八、百分之百的房貸

對於很多人來說，百分之百房貸的確是很大的誘因，現在市場上更有一〇一%，或是一一〇%的房貸，強調是連裝潢費也算進去，對於購屋的人來說，簡直是天上掉下來的禮物，不過對於銀行這樣貼心的服務，購屋族一定要把利率看清楚，尤其現在利率有向上走的趨勢，今日的好康會不會變成明日的負擔，就要好好思考一下。

其實目前市面上已經陸續有多家金融機構及建築業者推出免自備款的「百分百房貸」，根據房仲業的調查顯示，有高達近四成的民眾購屋時會考慮「百分百房貸」，而且接受度與購屋年齡及房屋單價成反比，也就是說年紀越輕、單價越低，對「百分百房貸」之接受度越高，對於這個結果，我總是覺得有喜有悲，喜的是，購屋能力以及意願都大幅提高；悲的是在利率走勢長期看升、工作還不是很穩定之際，年輕人購屋時還是不宜過度擴張信用。**每月房貸負擔最理想是維持在家庭收入的三分之一**，最高不宜高過五成，否則將會容易破壞家庭生活品質，或是損傷個人信用。

市面上，繼富邦、中國信託後，台新等銀行也跟進推出「百分百房貸購屋專案」、「全額房貸專案」，強調不必準備自備款，付得起每月房貸就能買房子。另外也有建築業者與銀行配合推出「百分百房貸」購屋專案，強調不用自備款就能買屋，對於新婚族或是單身貴族都是很大的吸引力。

我有一位單身貴族朋友，就是受到這樣的引誘，決定加入百分百貸款行列，在中山區買了一間小套房，原本認為自己不用付頭期款就可以買新屋，結果自己的生活習慣沒改變，依然是愛買一族，而且由月光族，進階到日光族，每天入不敷出，後來甚至出動現金卡來繳房貸，最後房子的下場當然淪為法拍屋。

其實根據信義房屋一項針對「百分百房貸購屋」所做的需求調查顯示，有高達三十八・六％將近四成的受訪民眾購屋時會考慮「百分百房貸」，其中年齡層在二十五至三十五歲之間的受訪者接受度最高，達五九・三％，五十五到六十五歲年齡層接受度最低，只有八・四％；在區域別方面，以中南部房屋低單價區的接受度最高，達六二・一％，台北市的接受度最低，只有一一・二％；在產品別上，以購買套房者的接受度最高，購買別墅者則完全不會考慮「百分百房貸」。

從調查統計數字來看，有近四成的民眾會接受「百分百房貸」，顯示這塊市場還不小，實際上高額房貸甚至是「百分百房貸」的需求在房屋市場上一直存在，但因過去很長一段時間各地房價都持續下滑，金融業者也就不敢開辦這類的業務，如今業者勇於提供這樣的貸款服務，多少反映出金融業者對未來房市景氣樂觀的預期。至於年齡層及地區房價與接受度成反比，與市場一般認知是完全吻合的，畢竟買豪宅或是買別墅也用百分之百的房貸，包括建商、銀行以及個人三方面都陷入極大的風險。

不過，經由交叉分析來看，這些「百分百房貸」高接受度的年輕族群也非全然是盲目消費的草莓族，因為這些族群所選的購屋區域，有很高比例都是屬低單價的中南部縣市，而且產品別選項上也以低總價的套房產品佔有最高比重，這反映出中南部房屋之低單價與小套房之低總價，配合百分百房貸，對有固定薪收入之年輕人確實有十足的吸引力。

舉例來說，在台中市區一戶十坪大的套房，總價不會超過一百萬，使用百分百房屋貸款，以三%利率計算，每個月房貸負擔也不會超過六千元，對於有固定薪水、工作穩定之年輕人而言，這樣的負擔還不算重。特別是低單價之中南部區域房市，即使是總價三百萬之二房或是小三房產品，全額貸款之月負擔也不會超過一萬八千元，對於一個有中等月收入六萬元之雙薪家庭而言，都還是屬生命中可承受之輕！

但是相對於台北市的高房價，對於「百分百房貸」的接受度就低很多了，比例只有一成多，畢竟動則六、七百萬的中古屋總價，使用百分百房貸，對誰而言都確實是相當沉重的負擔，更不用說新成屋了，這與別墅或是透天厝等類型產品一樣，都是面臨相類似的高總價問題，這應該是「百分百房貸」先天上的需求瓶頸點。

現在除了百分百房貸之外，銀行搶客戶又有新的花招，房貸成數不但強調百分之百，而且繼稍早的全額百分百房貸推出後，先有業者嘗試提供一〇一%房貸額度，最近又進一步加碼到一一〇%，看似相當貼心，但從理財的角度看，未來利息支出一定會是大負擔，這種危險的利誘，可要小心使用。

房地產熱，銀行的業務也會相中購屋房貸戶，房屋貸款成數愈墊愈高。包括台新、富邦、中國信託、中華銀行等業者，陸續推出百分之百全額房貸後，不久前，台北銀行推出一〇一%房貸，硬是多出一點點；後來國泰世華銀行，也加入超額貸款市場戰局，推出最高可貸房屋鑑價金額的一一〇%，強調民眾申辦房貸不僅不用準備自備款，甚至還可以多貸給客戶一筆裝潢金。

其實不管全額或超額貸款，銀行的用意甚是明顯，在利率看升之際，拉攏收入穩定、跑不掉的房貸戶，在未來的十年、二十年的貸款期間內，成數愈高，利息愈多，何況未來還有利率調升空間。至於全額房貸的利率水準，各銀行不盡相同，有的強調第一年二・二五%，第二年起二・八五%；有的是首二年為二・三%，第三年起為二・九%以上計息；各銀行在貸款額度上，北市約在八百萬九百萬間，北縣地區差距更大，從五百萬到八百萬元都有，其他地區則隨之遞減。

當然銀行不會做賠本生意，能夠符合全額或超額房貸者，都要經過銀行嚴格篩選，如公教人員、律師、會計師、醫師等才符合資格，因為他們有穩定收入，而且都能還得起貸款。這類貸款，就目前低利率水準而言，對無自備款的租屋者而言，購屋所負擔的利息，遠比租金還低，也讓無住屋擁有自己的房子。畢竟目前首購族約佔三至五成，比換屋族（約三成）、投資客（約二成）都高。

但是如果是自用或是換屋族，無法運用百分之百的房貸優勢，也不要氣餒，最重要的是把部份可能議價的房子，殺到合理價位，其實降低的房價部分，就能支付房貸利息好幾年，這才是最實際的省貸款以及省利率方式。

理財小密碼

- 每月的房貸不宜超過家庭收入的五成，否則將會容易破壞家庭生活品質。
- 百分之一百一十的房貸，看起來很貼心，但未來利息的支出將是大負擔，這種危險的利誘，可要小心。

九、需要還是想要

有一次經過捷運站，看到一位大師的警語，寫著「我們需要的不多，想要的太多」，對我來說，倒是當頭棒喝，的確，多一件衣服或是多一雙鞋子，或者說，多一個鑽石、珍珠，都是想要，需要的成分其實不多。

這個理論，說給女人聽，也許不中聽，不過卻是給孩子，或者說七年級、八年級生，非常重要的觀念，我很鼓勵父母親常跟孩子討論需要跟想要的差別。

初入社會的新鮮人，往往對於第一份薪水充滿期待，也對於自己開始掙錢頗為自豪，因為終於可以擺脫伸手牌而自立更生，所以不少人會開始對於未來如何花錢做出各式各樣的規劃。不過，記得別太放縱享樂，買高檔貨、欣賞美的事物並不是罪過，然而關鍵是不要只為了流行而流行，或甚至因此陷於入不敷出的窘境，演變成還沒真正享受到經濟獨立自主的樂趣，就開始面對信用卡、現金卡債臺高築的惡夢，人生，立刻由彩色變成黑白。

為達到慢慢累積個人財富的目標，以便實現自己短、中、長期更遠大的抱負與理想，必須認真控制自己的消費慾望，因此**養成記帳的習慣，對於控制個人資產的支出相當有幫助**，藉著帳本，可以發現哪些非固定支出似乎太龐大了點，並得以藉此進行修正。千萬要記得，**節流是建構更有「利」的未來的首要任務**，因此每個月要盡力省下一些錢。其次，也要懂得為自己的資產創造增值的機會。

除非是擁有家財萬貫的好背景，否則大多數人都屬於一般收入有限的上班族，也就是說，我們必須為自己的生活品質負責，也必須靠自己的力量創造財富。

萬丈高樓平地起，**想要擁有財富，先要打好儲蓄的地基**，只要懂得善用每個月固定薪資的一部份，加上有效的資產管理，然後大約每半年或一年檢視一下投資組合，適時了解或修正投資組合，你會發現理財原來可以很容易，夢想的實現原來也有撇步可循！

除了存錢，人生開始就是理債，我建議大家趁現在可以購屋置產，首先就會面對房貸的問題。現在房貸商品不斷的推陳出新，搭配廣告一幕幕播放，簡直讓投資人懷疑，只要辦了這家銀行的房貸，好像可以不用繳貸款一樣的輕鬆，事實上，銀行開辦的各項房貸都有固定成本，**在各項「誘人」的促銷商品後面都有附加額外的費用**，大家在選擇房貸商品時候一定要睜大眼睛。

其實在利率直直落的年代，各家銀行的房貸商品的利差其實有限，因此在**選擇房貸除了利率外，也應注意資金運用彈性、利率風險規避、人身風險保障，及銀行的服務品質**，尤其許多銀行專員在吸引客戶轉貸時候，通常只提利率較低卻絕口不提管理費，有時候管理費高達貸款金額的一％，也是一至二個月的利息，因此很多細節絕對不能疏忽。

以目前市場盛行的十幾種熱門房貸商品來說，設計理念與訴求的族群都不相同，以最熱門的「指數型房貸」來說，基本上是隨著市場利率走勢定期調整，當市場利率走揚，房息成本變高，反之則降低，基本上指數型房貸適合「低利率時代」採用，也是大多數人相對最好的選擇，因為如果光是房貸，沒有考量其他的理財動作，隨著利率起伏，起碼符合公平原則。

雖然指數型房貸盛行，不過傳統的固定利率房貸也有捲土重來的意味，由於房貸利率一向是跟著存款利率走，以目前存款利率接近一％的谷底水準，房貸低檔無多，但是一旦房貸反彈的空間也將增大，未來經過三、五年的低利環境之後，是不是會大幅的上揚，也是固定利率長期的利基，對於利率趨勢能掌握較明確的人，固定利率的優勢也不少。

不管是哪一種房貸，大家對於銀行的房貸一定要有三大要求：咖啡熱一點、沙發軟一點、折扣多一點！這不是玩笑話，前兩項是看銀行的服務，後者就是大家要爭取的地方。

一：能不多借，就不要多借錢

多利用政策的優惠貸款，例如首購、公務員購屋貸款、勞工住宅貸款等等，有的公司會針對員工福利推出無息貸款，這時候千萬記得借錢買房子，能少就少！

二：能多殺一點，就多殺一點

各銀行競爭多，多殺一點利率，就是多賺，因此以「狗咬狗」方式，多比較幾家的利率條件，讓銀行互相廝殺，你就是得利者。

三：還錢方式能有彈性，就要有彈性

一般來說，本息攤還是最常見的方式，因為本金加上利息一起還，一方面每月的還款金額是一定的，有利於家庭理財規劃，但是當有大筆收益進帳時候，例如年終獎金、不小心中了樂透或是其他的收入，就可以考慮本金攤還，使得本金快速下降，自然利息也就會省下來。

四：跟銀行維持良好的互動關係

最好把薪資帳戶、信用卡消費、房貸等相關的銀行業務都集中在一家，如此在房貸上有較好的議價空間。

五：常常打電話

只要一看到報紙的調低利率新聞，立刻打電話關切自己的房貸利率，除了打給自己往來的銀行，也要打給別家銀行以便探聽軍情，如果往來銀行沒有調降利率的動作，就是天天打電話、天天去站崗，不行就搬出絕招——轉貸！

學功夫之前，一定要紮穩馬步，練基本功，以投資理財來說，省錢就是基本功，除了杜絕不必要的「想要」之外，精明的上班族，更要知道如何跟銀行打交道，省下更多錢來。

理財小密碼

- 當花錢時，想想到底是「需要」還是「想要」。
- 買高檔貨、欣賞美的事物不是罪過，但不要陷入入不敷出的的窘境。
- 累積個人的財富目標，必須認真的控制自己的消費慾望。

十、價值與價格

現在很多人買房子喜歡買在天涯海角，為的不是價格，為的是一種價值。

以前大家買屋會去買偏遠地區，大多是價格的因素，畢竟在九份可以買到一坪五萬的房子，在台北市絕對不可能。但是現代人的觀念大幅改變，買房子是看另外一種價值，當然，如果你還停留在價格因素，你就不能考慮這樣的房子。

這種天涯海角的房子統稱為休閒住宅，或是標榜第二個家的房市產品，最近又開始復甦，以過去北台灣休閒類房市產品出現頻率最高的淡水鎮為例，去年下半年開始，這類型的產品就將釋出超過一百五十億的總量。

對於這個數字，讓我十分的吃驚，因為單單淡水一區，就將出現如此大的休閒產品案量，讓人懷疑，休閒類房市產品現在真的這麼好賣？多少人是為了追求第二個房子的休閒趣味，又有多少人是因為一時的衝動購屋？

其實休閒不動產，大都是具有景觀、休閒公設多元，以及產品坪數規劃的優劣，有的更是，三者大小通吃，且多位於市郊衛星城鎮。也就是說，這類產品就是以那些平常住在都會區，假日希望能呼吸到新鮮空氣、享受山光水色，但在交通上又要求離市區不太遠的客戶所規劃。因此，這類產品又有「第二個家」的稱號。其實，近期這類產品的廣告訴求已相當多元，當你的購買動機愈來愈模糊，建商的銷售成績就會越來越好。

這類產品的主要出現地點，從淡水河兩岸的淡水、八里，一直到北海岸的三芝、萬里、金山一帶，都曾是此類產品的集中區。而最近幾年，出現類似訴求的產品，推案腳步也有南移的現象。如鶯歌大案「阿鴻當家」，就以第二個家做為吸引區外客源的訴求；另外龍潭「天堂鳥」、楊梅「揚昇山莊二期」及「東森戀戀溫泉別墅」，都可歸類為休閒或訴求第二個家的房市產品。而可預見的是，三峽、林口未來一些大型個案，也都會出現類似訴求。

除了產品本身的規劃較特殊，訴求較不同外，這類產品的另一個特殊點，就是開價已經高於區域行情。以去年熱賣的八里「春天&戀人」來說，當時該案開價約在一坪二十四萬之譜，面淡水河戶別甚至達到一坪二十五萬，如果久居在當地或是隨便問一下房仲業，絕對認為是「開玩笑」的價格。另外八十九年淡水指標大案「富陽四季」，面河高樓層也曾開出三字頭的高單價，然而淡水市區目前的行情數字，也都在二十幾萬，買三十幾萬一坪的房子，的確很令人訝異。

奇怪就在於這麼「高」的房價，都是迅速結案，關鍵就在於，這類產品根本不是以區域客源為其主要訴求對象。很多人都認為，週五開車來度假，周一回台北上班，這樣的日子，豈不美哉?尤其是休閒住宅區又有游泳池、有健身房、還有SPA設備，不過我還記得，幾年前，三芝推出熱帶魚個案，我的小學妹就買了一間套房，原本要找我們好友去度假，沒想到一年之後，俱樂部就倒了，現在他買的房子只能養蚊子。

當然，有很多人終其一生，辛苦勞碌，唯一能犒賞自己跟家人的就是買一間有「VIEW」的房子，想像著，夕陽就在你家晚餐的盛宴中，大海就在你泡泡浴的前方，這樣的感動，應該要多少錢來買？這就是價值的問題，如果你重視生活的價值，不考慮價格因素，第二個的休閒住宅，值得嘗試。但是如果價格是關鍵，還是要避免衝動購屋，去年，我聽說上海房地產大熱門，特別打電話問了上海經商的朋友，他告訴我，都是三外在買，這三外就是外資、外行跟外地人，如果你沒有太多錢，千萬不要輕易當這三外！

整體來說，這類型的商品，與景氣有關，景氣好，大家賺錢容易，例如股票賺錢或是年終分紅多，就買一個第二個家來犒賞自己；如果經濟不好，大家也就理智很多，現在很多休閒住宅產品的地點位置、產品規劃或促銷訴求都有不少變化，不過基本上趨勢幾乎都大同小異，如果你是外來客、外行人，還是要少碰為要。

理財小密碼

- 如果重視生活的價值，不考慮價格因素，第二個休閒住宅，值得嘗試！
- 把不需要的開銷省下來，讓全家人都很舒服的過日子，才是理財的目的。

近年及近期將推休閒住宅個案一覽表

個案名	區域	量體		說　明
		億	戶	
富陽四季	淡水	64	633	水岸住宅 SRC 構
海神	淡水	70	140	水岸住宅 SRC 構
台北雪梨	淡水	32	351	水案住宅；最新休閒住宅案
春天 & 戀人	八里	18	357	開價創八里地區新高
秀岡山莊	新店	15	64	別墅產品，高總價
天堂鳥	龍潭	12	406	石門水庫風景區內，挑高 4 米 88 套房
揚昇山莊 2	楊梅	35	212	別墅產品，以土地為銷售單位
東森戀戀温泉	楊梅	50	132	丙種建地，訴求温泉（另有套房產品）
海揚	淡水	50	800	新總陽建設投資興建，休閒住宅大案
幻象 29	淡水	60	—	「海神」重推，15~90 坪規劃
天泉	八里	25	495	國揚建設投資興建
麗寶登輝大道案	淡水	—	—	預估案量超過 50 億

製表／住展雜誌

chapter 3

投資現在式

一、一年省下二十萬元

正當大家歡度了三年多的低利率嘉年華會之後，今年開始，大家都有頭皮發麻的感覺，因為過去低利率時代，大家習慣用現金卡，反正先享受，後花錢，還有人大筆的向銀行借錢投資，畢竟低利率，不用白不用，也有人趕快買房子鎖住低利率，大手筆的換新屋。但是現在利率也要漲、物價也要漲、唯獨薪水不漲，這下子，你就要摘掉嘉年華的面具，好好面對這實際又殘酷的生活。

最近大家都在討論漲價的問題，包括柴米油鹽醬醋茶、衛生紙、水電、瓦斯甚至計程車都要漲價囉，大家都有一個疑問，為什麼每樣東西都說要漲價，就是薪水不漲？

其實就在於政府相關部門先後釋出水、電、航空等交通費率要調漲的訊息之後，民間就出現民生用品也要漲價的聲浪，國內各項物價已蠢蠢欲動，如果衡諸國內外經濟情況與水公司、台電之經營現況，國內水價已二十年未調整，電價也有十年之久未調整，依照經濟部的數據，如果水價再不調整，明年起成本即超過售價；而電價如不調整，台電明年起也將出現虧損，調漲似乎確有反映成本的理由，只是對於一般民眾或是中低收入者必須承受物價上漲壓力，就需要有勒緊荷包的措施。

去年下半年開始，由於國際原油與各項原物料價格一路飆漲，國內已經開始面臨到物價上漲的壓力。代表生產者成本的躉售物價指數節節高升：去年第一季上漲二・四七％，第二季到六・四五％，第三季即拉高到兩位數，達一〇・四〇％。雖然民間企業在競爭壓力下，不可能立即全數反映這些上漲的成本，但物價的上漲趨勢卻已難以避免，因此應該說這波物價上漲，是屬原物料上漲的國際因素所帶動。

近期民生物資傳出漲價的消息，其實早在二、三個月之前，一線家電先喊漲價，最近又有泡麵、食品罐頭嚷著要漲價。泡麵醞釀漲價所持的理由是，從元旦起碗裝泡麵要課徵環保回收稅。以採用保麗龍包材的碗麵來說：一箱十二碗課五塊錢，反映成長到每碗分不到一塊錢，不過約一、二毛左右，需要反映多少漲幅？實在很難說服消費大眾，因此趁機漲價的現象也不少。

除了回收稅，今年麵粉漲價也是泡麵廠商對外叫苦的原因，大家都說撐不下去。但是麵粉漲價的理由如果成立，那餅乾、糖果類豈不更有理由漲價，其實，麵粉漲價已是老藉口，去年（九十三年）上半年就已經用過這一招了，有一陣子我發現麵包有點縮水，一樣二十五元的波蘿奶酥麵包，硬是小了一號。

我嘗試問過媽媽，如果水電、瓦斯、一切食衣住行再加上娛樂費用，甚至也傳出健保要漲價，一個月的生活支出要多多少錢？以媽媽將近五十年的持家經驗來說，她說一個四口之家，在這次預期物價上漲之下，每月會多出五千元的支出，是跑不掉的，這樣的話，一年就要增加六萬元，但是薪水很難調漲五千元，於是面對什麼都漲，就是薪水不漲的困境，就需要好好思考一下，如何穩紮穩打的幫自己縮衣節食。

努力工作是一個方法，也許老闆良心發現，會有加薪動作，但是如果沒有，就要自己賺，我不希望大家都是想到股市或是基金投資，因為那樣有可能讓自己的薪水縮水。

仔細想一下，一天不坐計程車，省下一百元，一年就會省下三萬六千元；一天少喝一杯咖啡，省下一百元，一年也是省下三萬六千元；如果加上少抽一包菸四十元，一年省下一萬六千元；少喝一瓶飲料五十元，一年也是省下一萬八千元，算算一年至少省下十萬元以上，打個五折，也會省下五萬元。

當大家看到泡麵漲個五元，十分恐慌，卻沒想到，如果一天省下不必要的開銷，就可以省下很多錢下來，這是節省的優點，大家一定要在這個薪水不漲的環境中，多加以運用！

當然，我也需要重提老調，在我出版的書籍當中，不斷提到記帳簿的妙用，可以讓你了解生活中的開銷，一直到現在我還是有記帳的習慣，只是不再需要巨細靡遺，但是大額支出總是需要登記。有一次我發現一天下來，皮包的錢不見了，還以為自己的錢被偷了，後來，發現原來是坐了幾趟計程車，請好友吃了一個午餐，於是一千元找開之後，就「不見了」，錢越來越薄是事實，但也要知道花去哪裡。

記帳還有一個好處，就是知道有很多錢是可以省下來的，我之前也談過想要跟需要的差別，我們都是需要的不多，想要的太多，**透過記帳的方式，可以了解固定支出之外，也知道哪些是過度的想要，提醒自己不需要做過多的浪費。**

我剛剛提過，隨便省下個飲料費，一年就省了二萬元，想想，還有哪些多花的錢？一天吃一個商業午餐一百八十元，改成八十元的便當，一年省下三萬六千元，少打五分鐘的行動電話，一年也可以省下一萬元；少吃零食、少唱 KTV 、不去健身房，算一算，你一年就可以省下不該花的二十萬元，想想，一年要多賺二十萬元並不容易，但是要省下二十萬元，的確容易多了。

節制消費，其實並不難，但是留意身旁不經意的浪費，大家常常會忽略，但我並不是希望大家苦哈哈過日子。以前有電視票選小氣家族，或是省錢女王，結果是用慘不忍睹方式過日子，例如每天吃王子麵，或是全家一天沖一次廁所等，聽起來就很恐怖，我請教過很多家庭主婦，他們的方法很優雅，也很環保、簡單，值得推崇。

例如把洗米水留下來洗碗，需要慢火細燉的料理用壓力鍋或是悶燒鍋；不要常用微波爐（瓦斯比電省錢）；不要大火快炒蔬菜，改成燙蔬菜，一來健康，二來燙蔬菜，只要少量的水，不需要一大鍋的水；晚上洗澡的時候，不要全家人一起洗，只要大家排好時間，這樣瓦斯不需要重新點燃，水管裡的冷水也不會被浪費掉。

電費，其實是家裡大的開銷，有的家庭會在夏天的時候，全家人擠在一個房間睡覺，只開一台冷氣，我想這是方法，卻不是最好的生活模式，因為全家的舒適感以及生活品質還是要兼顧。我曾經看過電氣專家的說明，只要在冬天時候，把不需要的電氣開關拔下來，以一個四口之家，一年可以省下將近三千元的電費，如果能夠由其他的地方省下開銷，讓全家人都很舒服的過日子，才是理財的目的。

以一個家庭的耗電量分析，冷暖氣機、電冰箱、電腦、電視機以及燈具等，幾乎佔了家庭電費的八成左右，所以，一般家裡的暖氣使用度不高，除非是老人需要。我看到現在有很多家庭，因為擔心孩子冷，於是大量使用電毯、電暖氣，這樣的保護，不在於電費問題，問題在於，台灣是個溫熱帶環境，即使寒流，也不至於太冷，靠衣服禦寒就可，過度保護，以後孩子想到北國過生活，就會出現問題，就像老公過去在日本住了多年時間，他總是喜歡看到日本小學童，在下雪的天氣裡，一樣穿著短褲、短裙上學，臉上凍得紅通通的，但是精神抖擻，我覺得天下父母可以三思。

電腦也是很嚇人的耗電，弟弟是電腦專家，天天開著電腦，因為他喜歡電腦隨時等他，他不喜歡等電腦。但是有一天卻改變了，因為工程師跟他說，電腦每天多開機五個小時，一個月電費就會多二千元，所以電腦使用還是需要的時候再用。

連電燈都有省電跟浪費電的差異，過去我的感受不大，因為我總是喜歡灰暗的燈光，覺得有氣氛、有情調。不過也是好友，同時也是室內設計師的東洲建議，才知道，很多燈泡，又熱、又浪費電，例如很多人喜歡的崁燈，通常都是用來照畫作，有時候，燈全打開，就需要開冷氣，因為實在熱得受不了。

除此之外，大家要學會降低高利率負債，並作投資組合的調整。投資組合可降低固定收益的部分（例如：定存、債券型基金），而把錢投入具有保值作用、或隨物價上升而報酬上升的商品，例如黃金，儲蓄部份若預期利率上漲，應改選機動利率，並注意銀行是否也按機動調升利率。減少現金或存款，改選低價高收益及配現的股票、基金、讓股息代替利息。如果你有出租房屋者，租約不要訂太長時間，或約定可隨CPI（消費者物價指數）調整租金。這樣，你就可以在三高一低的險惡環境中，依然過著舒適的日子。

理財小密碼

- 節制消費其實並不難，但是要留意身旁不經意的浪費，避免過多的花費。

二、股票的宿命

我不是個宿命論者，不過對於股市發生的事情，我常常覺得不得不宿命起來，很多人也會覺得，為什麼我一買股票，就會下跌，一賣就會漲，難道這就是股市的宿命？

好友墨白把去年（九十三年）三月，股市出現的一連串奇蹟，整理下來，你就會發現，難道，這就是循環中的股票宿命？

3/19　選後八千點有機會

故事開始，要選總統囉，這篇文章第一句話：「無論選舉結果如何，選後台股不看淡」，當時專家普遍認為如此，統一總裁高清愿也很樂觀，統計數字指出……哈哈，當時，很多人認為，誰當選都還好，股市一定會上漲。

3/22 下挫四百五十五點

選完了，千金難買早知道，不多說了，選成這樣？你看圖，一片慘綠，才不過四天。一下子從七千點，跌到六千三百五十九點。做八千點的夢就這樣結束了嗎？

4/29 摩台指摜壓，大跌一百七十二點

跌破季線，下看支撐半年線六千三百點，喔，因為中國國務院總理溫家寶放冷箭，亞太股市損失四兆元。大陸當局宣示將嚴格執行宏觀調控，以抑制過熱的內需市場。一九九三年中國已經實施過一次宏觀調控，沒想到主客觀環境不可同日而語，週線、月線、季線、半年線，這次通通失守。

4/30 美國將升息，台股狂殺二百八十四點

半年線就這樣破了，跌幅創總統大選後新高，外資大賣一百四十二億，創歷史單日第六大量。一位散戶幾天就賠八十萬，狠心自我了斷。

5/5 中共恐怖謠言空襲，狂洩三百三十三點

盤中就失守六千點，一個半月前（3/19），還在說八千點有機會，一個半月後六千點失守，誰在騙人？

5/17 中共放話，再崩跌兩百九十四點

沒錯，中間是有漲回去，也有人說逢低承接，你接接看？剛剛（5/5）還在說失守六千點，現在下探五千一百點。

你認為，現在，今天，股市會漲會跌？

說實在的，在股市中的人只要去臆測漲跌，去分析漲跌，一樣中招，無法避免。影響一個國家經濟最重要的，就是政治的穩定與否，穩健投資卻逃不過政治面的系統風險。發生了什麼事？問題就在於沒有建立全球化資產配置的概念，如果有這樣的概念就可規避此一風險。這樣的資產配置，特別是針對像我們這樣身處於危機四伏環境中最有效，因為，我們誰也不願意辛苦賺來的血汗錢，就這樣白白的消失殆盡。

台灣的股市有時候很樂觀，因為總是能夠出現投機行情，我的朋友甚至鼓勵大家及時行樂，特別是不要要求孩子的課業，因為台灣總是每隔十年都有大投機行情，如果趕上了股票或是房地產的投機行情，那麼就可以大撈一票，孩子一輩子衣食無缺。我倒是很羨慕他如此的樂觀，但是也想到，台灣股市有時候挺悲觀的，因為計畫趕不上變化，變化趕不上對岸的一句話，有時候對岸一句話，就可以把投資行情（或是投機行情）徹底擊垮。

投資大師巴菲特，他的投資公司股票一張值三十億台幣，為什麼？舉個例子，巴菲特自一九七一年起持有《華盛頓郵報》的股票，當時持股成本五塊美金，貴嗎？很難說，不過巴菲特的投資公司持股至今現在一股八百美金，你持股能像他這麼久嗎？他每天都會很快樂去睡覺，因為他投資吉利牌刮鬍刀，想到每天早上有二十五億的男人都在使用吉利牌刮鬍刀，他開心的入眠，你呢？

所以，想要打破股市的宿命，一定要先了解什麼叫投資持有觀念？什麼叫全球性佈局？唯有這樣，才能戰勝紊亂的資訊跟人云亦云的判斷。

理財小密碼

• 影響國家經濟，就是在政治的穩定與否。打破股市的宿命，建立全球化資產配置的概念，就可規避政治面的系統風險。

三、賺十%就好

每次到彩券行門口，我總是盯著旁邊幾個大字凝望，紅布條上寫著「一期一注，一夕致富」，真是誘人！

除了彩券大夢，也有很多電視上的投顧老師，不斷在電視上鼓吹「只要買到這檔股票就能賺大錢！」有的老師還會生氣的拿著股票技術線圖，告訴你，在什麼價位買進、到什麼價位賣出，你的錢就可以翻兩番，偏偏就是都不聽話，好像賺錢就是很容易的事。

現代人對於報酬率的要求越來越多，認為一支漲停板就有七%，難道一年賺個三支停板，二十%有哪麼難嗎？乍聽之下，其實不難，不過很多人親自下海之後，就會發現一年下來不會賠錢就是萬幸。有一次，政大教授周行一來上我的節目，我也跟他討論這個話題，他馬上舉例說，現在談報酬率七%到八%也許大家不服氣，但是如果以台灣上市上櫃公司的淨值報酬率來評估：（所謂淨值報酬率就是拿資產減掉負債，剩下部分叫做淨值，淨值其實就是股東拿出來的錢叫淨值。）以郭台銘先生做例子，他的鴻海公司淨值報酬率好的時候大概是二十%左右，那麼我們去想一個問題：他把錢拿出來，而且他每天認真的工作，據我們了解他一天工作可能十六到十八個鐘頭，他才賺二十%，我們是一個小投資人，隨便就可以賺二十%，那就太貪心了。

人生最困難就是累積自己的「第一桶金」，通常都是以一百萬元計算，如果不是富爸爸給的，那麼你的人生第一個一百萬元要從省錢做起，每個月若能省下一萬四千元，放在年利率六%的投資工具上，五年下來，就會變成一百萬元。有了第一個一百萬元後，繼續用同樣的方式和報酬率投資，你的本金每五年就會再多生出一個一百萬元，三十年下來就可以累積將近一千萬元的存款，這是真的，而且可行的。

我曾經努力研究過，如果想要過平凡一點的生活，只要抓緊六%的報酬率，每個月少花五千元，作為理財規劃，退休金目標值為一千萬元，希望住六、七百萬元的公寓，六十萬的車子，那麼我每年只需要追求六%的報酬就夠了。如果貪心一點，每個月領五萬元薪水，想要擁有千萬豪宅、百萬名車，六十歲退休時要擁有兩千萬元，每年追求固定的投資報酬率只要十%，也可以達成目標。

那麼，哪裡找六%或者十%的投資工具呢？無論你錢多錢少，適當的資產配置還是必要的。**最簡單的資產配置是把錢分成兩部分：一部分放在風險最低的定存及債券上，一部分可以放在風險高、報酬也高的投資股票或基金上**，如此，當股市大跌時，股票部分虧損時，你還可以保有資金，不至於傾家蕩產。

股票部位的投資當然是愈穩當愈好，指數型基金是最好的考慮，依據美國過去一百年股市的平均報酬為一二%，而台灣股市在二〇〇一年前的三十五年間，年平均報酬為二五％，定期且長期持有指數型基金，不至於賠到哪裡去。

要不然，每兩個月存錢去買一張每年配息六％以上的「定存股」，如中鋼、中華電信、台塑等（一中一台是很好的搭配ㄡ）。如果你害怕股市波動風險，那麼乾脆定期定額投資股債平衡，又追求絕對報酬的平衡型基金吧，要不，具有傘型效果的組合式基金也是很好的選擇，記住，不要貪心，一年十％，真的很足夠了！

理財小密碼

- 人生最重要的是累積自己的「第一桶金」——一百萬。如果不是富爸爸給的，那麼就要從省錢做起。
- 股票的投資越穩當越好，指數型基金是最好的考慮。

四、要小賺不要大賠

很多理財的書，都是希望大家讀了以後，會有很高竿的操作技巧，人人都能大賺一筆，不過，我卻認為，這兩年來（二〇〇四、二〇〇五）年的理財大勢都不是很樂觀，這時候，大家觀念要改變，不要期待大賺一筆，寧願小賺也不要大賠！

之前，一直有人說，每年維持二十%的報酬率，若干年之後，人人都是億元富翁，當時我還一度反駁，因為一年二十%的報酬率並不容易維持，但是也有人認為，一支漲停板就是七%，現在主管機關還計劃要把股票的漲跌幅放寬，這下，可能一支漲停板就能達到年度目標，不過在股市爭戰多年的老手，一定會有深刻的體認，往往還沒賺到二十%就會先賠上二十%。

就像我學看地圖的感想，一定要確定大目標，想要賺錢的人，就要看看今年賺錢的地圖，大方向就是今年度經濟成長率不過四到五％，這樣的低成長率，股市要有好的表現也很難，再看今年各家預期加權股價指數的高低點，樂觀一點說七千點，悲觀的只有五千點，甚至說四千八百點，以現在低成長、低利率、低薪資的情況之下，要面對高失業率、高油價時代、高物價時代來評論，今年又是「富貴險中求」的一年，如果保守穩健來說，小賺就是贏家，貪心的人，小心會「賠了夫人又折兵」。

認清大環境之後，就會知道小賺才是贏家，選擇高配息的各股進行中長線的投資，就是明哲保身的投資作法。

以去年來說，台股自高點七一三五點反轉向下修正以來，投資人手中股票的價值已縮水不少，也使得投資人對於股利分派上的思考邏輯，轉變為拿股票不如拿現金實在，因為在行情不好、量能萎縮之際，除權不僅填權不易，且股價還有可能持續下跌，當然拿現金股利比較划算。尤其在產業競爭激烈的微利時代，高現金殖利率定存概念股將逐漸獲得市場認同，也就是現金股利除於市價要大於銀行一年期的定存利率，且除息後也有機會填息。

我特別請匯豐中華投信篩選，每股稅後盈餘連續三年成長、且今年預估現金股息殖利率在七％以上個股有三十三檔，這三十三檔股票以傳產股居多，集中在鋼鐵、航運、電信、汽車零組件、紡織、塑化等。若觀察今年預估現金殖利率，春源有一四・九二％、亞泥一三・三二％、大陸一二・九三％、盛餘一二・七七％、中鋼一二・五一％、豐興一二・二八％、中華八・八四％、萬海八・二九％、中華電七・九六％、台化七・七八％、南亞七・五二％、遠紡七％。而其中台塑集團、中鋼、遠紡等今年獲利高於過去幾年水準，以預計今年的配息情況可以比今年好的情況下，若以今年填息情形良好來衡量，未來將成為投資人相當矚目的類股族群。

若進一步觀察這些個股的股價淨值比，有些個股的股價淨值比在1，甚至在1以下，如亞泥一・〇七、大陸〇・八二、儒鴻一・〇九、三洋一・〇四、聯華〇・七九等，顯示這些個股除了具備高現金股息的配息能力，獲利也相當穩定，股價確實有超跌的現象，投資人除了獲取配息收益，另一方面更可以賺到股價超跌後的資本利得，投資價值更是值得留意。

其實從今年台積電、友達等權值股，首度配發現金股利可以略窺端倪，配息題材未來將一直會在台股中成為主流。在目前產業循環快速的情況下，現金股利的配息方式，是最符合時代潮流，因為依過去的經驗來看，如果行情好的時候，填息機率便相當高，只要填息成功，即使該股又有除權，且除權後呈貼權狀態，損失也不會太大，具有進可攻退可守的功能。另外對於企業而言，發放現金股利比較沒有股本膨脹、稀釋獲利的問題，對於抱持長期投資、側重公司長期獲利成長的小股東而言，也較有利。

至於要如何選擇高股息殖利率個股投資，選擇產業前景佳的公司也很重要，尤其是每年獲利最好是能穩定成長，即使沒有穩定成長，也要維持在一定的水準，不可暴起暴落，再來才是考慮現金股利配發的持續力。而除了現金股利的水準之外，投資人以每股多少錢的成本，去獲取多少現金股利的比率，更攸關現金殖利率的多寡。

當然，如果大盤不佳，也會出現小賺股息、卻大賠股價的慘狀，這時候，你就要有資產配置的觀念，不要把所有的錢放在股市中，保留一些現金，也是很重要的策略。

我有個朋友堅持，把所有的錢放在海外市場，因為他認為，他的身家財產的三分之二已經在台灣，完全都是房地產，其實以大家的條件來說，幾乎所有身家財產就是房地產，都已經在台灣搬不走，所以他既基於「**分散風險**」的概念，把其餘的資金放在海外市場，我想這也是新年度資金的新出路。

理財小密碼

- 不要期待大賺一筆，寧願小賺也不要大賠。
- 「分散風險」也是一個很好的理財概念。

每股盈餘連續三年成長且預估明年現金殖利率在 7% 以上的個股

股票名稱	90年 每股稅後 盈餘（元）	91年 每股稅後 盈餘（元）	92年 每股稅後 盈餘（元）	93年預估 每股稅後 盈餘（元）	90至92年 平均現 金配息率	94年 預估現金 配息（元）	2005年 預估現金 殖利率	股價 淨值比	本月以來 股價表現
2010 春源	0.52	1.72	1.86	3.46	93.17%	3.2	14.92%	1.21	2.86%
1102 亞泥	0.15	0.57	1.63	3.37	86.98%	2.9	13.32%	1.07	3.77%
2526 大陸	0.39	0.85	1.22	2.34	84.00%	2.0	12.93%	0.82	6.67%
2029 盛餘	1.06	3.13	4.11	6.54	80.27%	5.2	12.77%	1.81	4.05%
2002 中鋼	0.82	1.86	3.94	5.38	82.99%	4.5	12.51%	2.08	0.56%
2015 豐興	0.34	1.81	2.41	7.09	69.96%	5.0	12.28%	2.24	9.78%
2365 昆盈	2.16	2.5	3.54	3.86	64.24%	2.5	11.53%	1.22	3.86%
2020 美亞	0.44	2.16	2.29	4.14	69.25%	2.9	11.33%	1.48	0.80%
1521 大億	0.94	2.06	3.19	4.66	85.86%	4.0	10.99%	2.15	-0.27%
2617 台航	1.12	1.79	2.5	6.85	44.45%	3.0	11.23%	1.86	-5.24%
9930 中聯資	1.04	1.11	1.57	2.61	86.57%	2.3	10.86%	1.53	4.00%
5525 順天	0.57	0.99	1.24	4.75	60.67%	2.9	10.18%	2.27	25.78%
1476 儒鴻	0.79	0.98	1.39	2.21	78.65%	1.7	10.53%	1.09	0.61%
4510 高鋒	0.59	0.89	1.37	1.58	63.99%	1.0	10.37%	0.67	7.14%
1614 三洋	0.72	1.18	2.03	2.41	74.71%	1.8	10.65%	1.04	-2.87%
2404 漢唐	2.21	2.8	3.66	4.52	62.77%	2.8	9.40%	1.85	4.50%
1723 中碳	2.91	3.11	4.59	5.82	75.92%	4.4	9.07%	3.03	1.04%
9905 大華	0.85	1.13	1.69	1.88	98.30%	1.8	8.84%	1.33	2.45%
2204 中華	2.55	4.66	5.62	5.78	58.16%	3.4	8.78%	1.26	7.28%
1530 亞崴	0.38	1.28	3.94	5.41	65.82%	3.6	8.75%	2.59	3.30%
4523 永彰	0.99	1.88	3.69	4.52	52.63%	2.4	8.26%	1.27	1.05%
2615 萬海	0.48	2.61	2.94	4.25	63.22%	2.7	8.29%	2.18	1.25%
1229 聯華	0.25	0.44	0.99	1.73	58.73%	1.0	8.26%	0.79	4.68%
2411 飛瑞	1.82	2.24	3.34	3.37	90.12%	3.0	8.19%	2.88	2.20%
1531 高林股	2.12	3.03	4.13	4.25	60.99%	2.6	8.10%	1.54	9.59%
2412 中華電	3.86	4.48	5.03	5.45	89.81%	4.9	7.96%	1.51	-3.91%
1326 台化	1.17	2.62	3.92	7.93	57.86%	4.6	7.78%	2.27	-1.67%
2207 和泰	1.83	2.6	3.94	6.61	71.55%	4.7	7.57%	2.38	-3.10%
1303 南亞	1.35	2.22	2.61	6.18	58.29%	3.6	7.52%	2.01	3.46%
3114 好德	1.93	3.03	3.22	3.92	44.12%	1.7	7.46%	1.30	-4.92%
6189 豐藝	3.68	4.29	5.23	5.55	45.68%	2.5	7.33%	1.99	2.98%
1311 福聚	1.05	1.97	3.39	3.93	54.38%	2.1	7.12%	1.76	3.45%
1402 遠紡	0.23	0.7	1.17	3.05	57.61%	1.8	7.00%	1.39	0.00%

資料來源：Cmoney 資料庫、台灣經濟新報

資料整理：匯豐中華投信

註：1.93 年每股稅後盈餘由系統彙總市場法人預估得知

2.平均現金配息率為 90 年至 92 年每年配息率的平均值

五、大起大落，不如穩扎穩打

很久以前，我就發現自己很喜歡茶花，因為它獨特的香氣吧，我總是這樣認為，有一次，看到家裡的茶花在盛開之後，竟然在第二天就凋謝，我才警覺，原來我是喜歡這樣短暫絢爛的美麗。以投資性格來說，我也喜歡大起大落，畢竟這樣才精采痛快，不過隨著投資環境的變化，越來越詭譎多變，越來越殘酷殺戮，我竟然也懷念起一種長期在路邊發出清香的十里香，花不大，卻長久。

對於所有的人來說，**家庭中相當重要的一筆固定開支包括子女教育費用、退休金規劃等，都是一筆無法中斷的支出，因此不能大起大落，必須要穩扎穩打。**

有關於退休的規劃，我在後面會有比較完整的說明，不過很多人會先面臨子女教育的壓力，儘管很多時候，大家還是認為基金投資還是虧的多，不過我認為，把時間陣線拉長，同時加上每季固定的檢視，並不見得會有大筆的損失，其實按月扣款的定期定額投資方式，對於家庭的負擔應是相對較輕鬆的。基本上來說，預期增值潛力較佳的股票型基金不妨在資產配置上佔較高的比重，另應視本身對於風險，也就是虧損可能性的容忍度，搭配一定比重的債券型基金。

以過去的經驗值來說，過去十年（一九九四年至二〇〇三年）的股票型基金定期定額績效來看，以新台幣計算的平均投資報酬率較高者為美國基金，十年下來為七三・四％，其次是歐洲股票型基金的六三・八％。不過值得注意的是，因為市場波動的關係，所以單一年度的報酬率差異相當大，以美國股票型基金來看，是從負一七％到正三六％，歐洲基金的波動較小，介於負一三％到正三三％，為了降低投資組合的波動風險，可以適時加入債券基金。

不過平均值通常不能看出其他的真相，因為是否選到好基金的報酬率也存在一定差異。美國基金定期定額十年累積報酬率最高者是一二九%、最低是五十%，歐洲基金最高是一七二%、最低是三四%，由此也可見雖然美國基金的平均報酬率高，但落實到個別基金時，歐洲基金反而勝出。

歐洲與美國屬於成熟型市場，波動性較**淺碟型**的新興市場低，以過去十年全球新興市場基金的表現來看，雖然單一年度可以高達六十%的回報率，但也有機會跌個二三%，以子女教育這種需要持續性支出的中長期理財需求而言，相對穩健的成熟型市場股票基金或許是較適合的選擇。

過去有人把基金投資稱為懶人投資術，好像買了之後，不必管它也會賺大錢，之後，總是會吃了很多苦頭，我常常看到投資基金大幅虧損的人，其實現階段的投資環境中，投資標的眾多，加上市場輪動快速，買進、賣出時機不易掌握。如果單純人為判斷進行投資，很可能買在最高點或賣在最低點，而且一般人沒有充裕時間研究或資訊取得不易，我認為，對於一般民眾來說，定期定額投資基金還是最適合的投資方式。

至於定期定額該申購哪一類型資金？假如設定投資目的為退休養老或是子女教育基金，**時間長達十至二十年，可選擇穩健成長型基金，至於投資時間較短，可選擇風險係數較高的基金**。我認為，標的還是以國外基金為首選，因為國外基金種類多、績效穩定、海外投資具有節稅功能，加上可以節省較多手續費。

其次則是要考慮，長期績效穩健的基金，勝過表現大漲大跌者。不過由於全球經濟成長力道趨緩、利率仍處低檔，因此預料未來幾年各類投資工具的預期報酬率將不會太高。面對這樣的市場，採用「模組化管理策略」的基金，由於不依賴股債負相關的特性，而是針對股票與固定收益工具分別訂定低風險投資策略，因此無論股債市如何變化，都可以達到長期淨值穩健上揚的理想結果，而且基金淨值波動性相較股、債市更低。

除了參考基金過去不同期間的績效外，投資人還需要知道基金的波動係數並與同類型基金比較，才能了解這支基金的全貌。投信投顧公會每月公布的基金績效表，提供的評比指標有年化標準差、β值及SHARPE（夏普）值。**年化標準差用來衡量報酬率的波動性，因此數字愈低愈好；β值用來衡量基金的市場風險，因此β值愈小愈好；SHARPE值用來衡量每單位總風險所得的超額報酬，因此愈高愈佳。**

由於定期定額要發揮時間複利、平均成本的效果，必須要投資三、五年以上，同時搭配適時獲利了結、轉換投資標的才能顯現效益，這種功課偷懶不得。

如果說股票容易大起大落，相對定時定額基金的投資是比較穩扎穩打的，如果對於投資性格比較積極的人來說，搭配一些區域型基金，都有很好的報酬率，我的很多朋友，去年買到印度基金、俄羅斯基金以及都歐地區的基金，報酬率都有六十%左右，算是相當迷人的報酬率。

很多人都承認，有限的時間內，就只能賺有限的錢！之前一家投信發出一個相當震撼的新聞稿，連我都大吃一驚，因為他們發現，「一個人到底要花多少時間，才能賺到六百元？」每個人賺錢的本領不同，對一個月薪三萬元的周休二日上班族，要賺到六百元相當於在電腦前腸枯思竭地坐上半天；對一個時薪八十元的速食店打工族來說，則得站在櫃台前七・五個小時，可能要笑臉迎人地說上七百五十次「歡迎光臨」，六百元才會入袋。真讓我吃驚，花六百元真是容易至極，一頓飯加上一趟計程車就沒了，要賺六百元，還真是辛苦委屈。

我雖然大力鼓勵大家要有花錢的本事再來累積賺錢本領，不過花錢本事倒不是負債的本領，根據人力銀行近來所做的一項調查，如果以五、六、七年級這三個不同年齡層的受訪者做交叉分析比對，其中七年級生有多達三三・四五％「有過現金卡刷爆的紀錄」。而隨著年齡層愈長，則呈遞減現象，顯示年紀越大者，對金錢的運用格外審慎保守。

人生各個階段的理財需求及個人財務況狀不同，首先以二十歲族群來說，約是現在的六年級及部分七年級生，由於剛踏入社會或工作經歷只有幾年，經濟來源或許還需仰賴父母支援，也沒有太多積蓄。因此強迫儲蓄先累積資金，累積投資的第一桶金便成為二十歲族群理財的第一步。

只是這個年齡層普遍有著「先享受、後付款」的消費觀，根據針對七年級生在消費行為的調查指出，擁有信用卡的人，有三五%承認自己在刷卡消費時，很少考慮到有沒有足夠的錢付帳單；另外，有五七%七年級生的購買行為是憑感覺，只要喜歡，便不考慮價格高低。換句話說，多數七年級生，是屬於衝動型購買的消費群，他們的荷包雖然不大，但是花錢卻很大膽。

強迫儲蓄的方法很多，目前在台灣最常被用來當作強迫儲蓄的投資理財方式，有標會、銀行零存整付定存，以及已相當普遍的定期定額投資基金等。一般來說，標會普遍可以有十%到十五%的報酬率，但是必須承擔被倒會就可能血本無歸的風險，尤其現在時機歹歹，倒會消息時有所聞，所以除非是有可靠的會頭和會員，否則並不建議社會新鮮人輕易嘗試。其次是零存整付方式的銀行定存，雖然投資風險相當低，但是目前銀行一年期定存利率只有一．五%左右，輕易就被今年物價上漲率可能達到一．五%所抵銷，結果獲利可能所剩無幾，並不適合想要積極存錢的族群。

人生階段不同，理財性格也會有所調整，基本上，年輕人都有從來一次的本錢，即使吃虧上當，也會由教訓中獲得經驗。但是中年之後，因為肩負家庭責任，除了子女教育經費還有退休規劃，不能有任何的閃失，所以想要享受大起大落的人生，請在三十歲之前完成夢想，之後就要慢慢體認穩扎穩打的優勢以及不可或缺性。

理財小密碼

- 對於一般民眾來說，定期定額投資基金還是最適合的投資方式。
- 海外基金種類多、績效穩定，具有節稅功能，並且可以節省較多的手續費。

六、賺不到波段沒關係

很多專家都會說，股市一定要賺波段就好，一年進出兩次，不但省掉交易成本，也會讓自己的生活變得輕鬆一點。我常常看到很多人因為今天股市大漲，就跑去吃魚翅、鮑魚，但是也會因為股市大跌，就不吃不喝，甚至回家打小孩，但是，如果賺不到波段，就完蛋了嗎？答案當然是否定的。

以股市的脈動來說，大概每年的一月以及十月會是專家一致認為的波段操作關鍵期，因為一月份都是新年度開始，很多公司大老闆會在此時，開始對於今年度景氣做分析，有的更是大肆吹年，預期三月就會是高峰，因為四月的年報出爐，很多去年度財報不佳的公司就會醜態百出；至於十月開始，通常都是外銷產業由谷底向上攀升的關鍵，特別是國外的耶節採購，甚至國內年底之前的消費金融需求，都會十月份引爆，持續到年底，所以很多老手，大概都已經掌握這種脈動。

如果真是如此，應該每個人都會賺大錢，其實不然，因為還是有很多人，由去年套到今年，畢竟買股票容易，出脫最難。以國內還是比較淺碟的市場來說，國際間的投資或許就會比較清楚一點，自一九七〇年起，華爾街共經歷了二十一次超過十%的下跌，不過一般對於熊市的定義則是泛稱跌幅超過二十%的市場，過去五十年間，有十一次真正發生熊市的經驗。然而，真正了解市場基本面的投資人，並不會因此而恐慌或在股價下跌期間將資金從市場撤出，因為相信股市長期而言終將回歸到合理的價位，這也就是說，賺不到波段沒關係，還有其他的方式來投資。

以國內股票市場來說，我比較認同股價盈餘成長比（PEG），又稱為股價盈餘成長因子，是本益比與盈餘成長率之間的關係，其計算方式為股價預估的本益比除以每股稅後盈餘的成長率。舉例來說，如果預估本益比為十六倍，而每股稅後盈餘的成長率有二五%，則 **PEG** 便為〇‧六四。

今年由於台股的本益比直直落，但有些企業的盈餘成長動能還是向上提升，若以目前的股價水準而言，確實是有相當多的股票嚴重低估，所以許多具價值成長的個股，更是值得投資人進一步觀察及佈局。因此，利用 **PEG**（**股價盈餘成長比**）的方式就可以比較容易找出高盈餘成長、低本益比等雙重價值的個股，而 **PEG** 數字以小於一、且在合理的獲利根據下越低越好。

我特別請滙豐中華投信篩選近三季盈餘呈現正成長，且 **PEG**（**股價盈餘成長比**）低於一的個股族群共有三十五檔，這些個股以傳統產業股居多，電子股則是少數。在傳統產業股中不外乎集中在鋼鐵、塑化、航運、汽車零組件、化工上，而電子股則是晶圓代工、封測、**PCB** 軟板及些許的零組件個股為主。

觀察近三季的平均盈餘成長率，成長率在三成以上的個股有萬海三五‧八〇%、長榮三四‧二六%、台化四〇‧四九%、彰源六三‧一六%、聯茂五七‧七四%、東鋼八九・二四％、榮剛九一・三八％、德宏則是大量成長一一二・一八％。若進一步分析其PEG數字，台積電為〇・九四、中碳〇・六、中鋼〇・四六、台塑集團中的南亞〇・三七、台化〇・一八、力成〇・四、堤維西〇・三八、敦南〇・三三、精華〇・二八、台燿〇・二三等。

股價盈餘成長比（PEG）可以讓投資人清楚瞭解自己所投資的公司其成長性與股價高低是否合理的客觀指標。PEG所採用的衡量標準如果小於一、且數字越低，股價就越有投資的價值，如果評估公司未來獲利能繼續維持在穩定成長狀態，則股價肯定具有上漲的空間。另一方面，仔細觀察這些PEG低的個股，其所配發的現金股利也都相當優渥，其現金殖利率更是比起其他衍生性金融商品要高出許多，以目前各大類股走勢持續疲弱，並且不時出現財報地雷效應的消息，這些個股由於基本面體質不錯，且多數個股獲利持續看好，更可說是另類「進可攻、退可守」的定存概念股。

我很喜歡《一個投機者告白》的作者托斯卡蘭尼的一句話，他說「投機是藝術，不是科學」，他終其一生對於投機的態度顯得理直氣壯，其實如果無法作一個投機者，你就要想辦法，去做一個投資者，一種安心吃喝睡覺的投資模式。

理財小密碼

- 「投機是藝術，不是科學」，如果無法做一個投機者，你就要想辦法，去做一個投資者，一種安心吃喝睡覺的投資模式。

具價值投資的股價盈餘 (PEG)成長概念股

股票名稱	機構估94年稅後EPS(元)	最低本益比	最近3季每股稅後盈餘平均成長率	預估PEG	本月以來股價表現
2330 台積電	3.4	14.1	15.05%	0.94	-5.35%
1723 中碳	6.04	8.1	13.56%	0.60	2.43%
2033 佳大	0.59	19.3	35.06%	0.55	-1.73%
1476 儒鴻	2.43	7	14.96%	0.47	-0.58%
2002 中鋼	5.62	6.3	13.73%	0.46	-1.40%
6155 鈞寶	3.56	7	15.27%	0.46	0.00%
1308 亞聚	1.69	10.6	24.07%	0.44	-4.84%
6239 力成	10.02	7	17.53%	0.40	-4.11%
1530 亞崴	6.1	7.1	17.91%	0.40	-1.14%
6202 盛群	4.52	7.6	19.36%	0.39	-1.15%
1522 堤維西	3.66	8.3	22.03%	0.38	-0.65%
1303 南亞	5.22	9	24.31%	0.37	-3.70%
5471 松翰	4.79	8.2	22.84%	0.36	-2.53%
5305 敦南	3.67	7	20.98%	0.33	-2.64%
9924 福興	3.4	10	31.55%	0.32	-0.29%
1565 精華	5.59	7.5	26.83%	0.28	-1.38%
1313 聯成	1.74	7.5	26.89%	0.28	-4.00%
9935 慶豐富	2.1	7.3	27.30%	0.27	-3.18%
6274 台燿	3.17	5.4	23.77%	0.23	-10.44%
2615 萬海	4.34	7.4	35.80%	0.21	-5.74%
6284 佳邦	3.05	9.3	45.81%	0.20	1.05%
2321 東訊	1.47	10.5	52.21%	0.20	-1.89%
2467 志聖	2.06	9	48.00%	0.19	-1.06%
2603 長榮	4.91	6.4	34.26%	0.19	-4.67%
1326 台化	7.72	7.4	40.49%	0.18	-4.13%
5608 四維航	5.49	6.8	37.94%	0.18	-5.33%
5481 華韡	3.88	6.1	34.19%	0.18	-16.17%
6151 晉倫	2.54	6.8	47.31%	0.14	-3.31%
2030 彰源	2.99	8.3	63.16%	0.13	-4.63%
1229 聯華	1.66	7.7	63.34%	0.12	-3.03%
5346 力晶	4.67	5.3	45.86%	0.12	-3.42%
6213 聯茂	4.02	5.2	57.74%	0.09	-8.77%
2006 東鋼	3.59	7	89.24%	0.08	-3.86%
5009 榮剛	3.19	5.8	91.38%	0.06	-1.08%
5475 德宏	4.08	5.1	112.18%	0.05	-22.53%

資料來源：Cmoney、台灣經濟新報

資料整理：匯豐中華投信

註：本益比預估為系統 Cmoney 依市場法人預估彙總得知，本公司僅採用近三季每股盈餘平均成長率是以 93 年第 1、2、3 季的平均值為準

近 15 年來，亞洲主要各國股市及美股元月表現

年度指數	台股指數	日經225指數	香港股市	南韓股市	美國道瓊	那斯達克指數
79	25.25%	-4.44%	-3.00%	-1.49%	-5.91%	-8.58%
80	-11.18%	-2.33%	7.23%	-8.72%	3.90%	10.80%
81	17.20%	-4.18%	7.08%	11.39%	1.72%	5.78%
82	-0.07%	0.58%	4.34%	-1.16%	0.27%	2.86%
83	0.73%	16.14%	-3.38%	9.18%	5.97%	3.04%
84	-11.46%	-5.44%	-10.36%	-9.91%	0.25%	0.43%
85	-7.93%	4.75%	12.77%	-0.47%	5.44%	0.73%
86	5.04%	-5.33%	-0.96%	5.32%	5.66%	6.88%
87	-1.24%	8.98%	-13.71%	50.77%	-0.02%	3.12%
88	-6.55%	4.75%	-5.39%	1.59%	1.93%	14.28%
89	15.34%	3.20%	-8.43%	-8.19%	-4.84%	-3.17%
90	25.26%	0.42%	6.67%	22.45%	0.93%	12.23%
91	5.78%	-5.17%	-5.90%	7.84%	-1.01%	-0.84%
92	12.64%	-2.79%	-0.67%	-5.69%	-3.45%	-1.09%
93	8.23%	1.00%	5.67%	4.66%	0.33%	3.13%
上漲機率	60%	53%	40%	53%	67%	73%
下跌機率	40%	47%	60%	47%	33%	27%
平均漲跌幅	5.14%	0.68%	-0.53%	5.17%	0.74%	3.31%

資料來源：彭博資訊
資料整理：匯豐中華投信

七、最好的購屋區域

房子要買在哪裡，其實有很深的地緣情結，這也是很多統計資料上都會出現五成以上仍偏好原居住區域的原因，不過，買屋的原則就是地段、地段，除了地段，還是地段。

那麼，究竟是哪些區域，最受到準購屋者的青睞？根據有一次《住展雜誌》研究單位的統計資料顯示，我覺得很能充分反應熱門地段的區域，以台北市來說，最受歡迎地段就是房價最高的大安區，當然台北市不愧為全國首善之區，幾個精華行政區，都獲得多數購屋族群的青睞。在受青睞區域前十順位中，北市十二個行政區就入榜八個。另外二個，一個是與北市有相當地緣關係的新店市，另一個則是區域

房市相當倚賴北市客的桃園市。（詳見表一）

長久以來，一直穩居區域最高房價的大安區，在此次調查中榮膺最受青睞區域。圈選大安區為最想居住區域者，男性高達七十一位，女性也有三十九位。這樣的結果，代表有二三・五％的男性及二一・四％的女性準購屋族，已經把大安區做為他們購屋置產或嚮往的第一目標區。

居次的，則是近年來竄起速度奇快，價量都正穩定成長的信義區；信義區共獲得一〇・六％男性及一三・七％女性的首選區票。不過，當中有不少受訪者，其實是衝著信義計劃區的面子而選擇信義區，如果是這樣，那麼也就意味計劃區內外區位價值落差將日益加大，想要進軍信義計畫區的買屋族就要花點時間繼續觀察。

位居三、四順位的中山和士林區，差距十分有限。兩者在首選區得票率上，相差不到一個百分點（中山一〇・四％，士林九・五％），而且中山區在男性的首選區得票率上，甚至比信義區之支持度還高〇・二％；屈居第三，主要是因為中山區的女性首選區得票率較低，僅九．三%。另外，在圈選中山區為首選區的受訪者中，其實有半數以上指名大直地區，選擇士林區者中，也有半數以上指名天母地區。至於排第五順位的，則是首選區得票率三．七%的內湖區。

松山區的首選區得票率，其實與內湖區旗鼓相當，但因總得票比較上有近一倍差距，內湖的一〇二票因此成為受青睞區域第五順位；松山區總票數則僅五十二票，故屈居第六。其他總得票超過四十五票基本門檻的，還有新店市（總得票五十二，首選區得票率二．九%）、文山區（總得票四十七，首選區得票率二．一%）、桃園市（總得票四十九，首選區得票率一．九%）、中正區（總得票數四十六，首選區得票率一．七%）、北投區（總票數六十，首選區得票率一．四%）及板橋市（總得票四十五，首選區得票率一．二%）。

前四順位的大安、信義、中山和士林，可以說正是目前全市平均房價水準最高、開發程度也最完整成熟的幾個區域。至於北縣地區，也大約是入榜第七順位新店及吊車尾跨過評比門檻的板橋市，稍稍能夠獲區外客的青睞。而這兩個行政區，也恰好就是北縣目前房價水準前兩名的縣市。第九順位的桃園市，其實也同樣有類似的狀況。

除了地段之外，小環境的選擇，也有八成的購屋族選擇「鄰近學校」條件，至於市場、警局、公園、醫院居次，可視為消費者購屋的理想條件。這也意味除了房屋本身的屋況條件，需符合消費者的居住需求，若額外具備外在環境條件，對於消費者在選擇房屋時，具有一定程度的加分效果，也因此最容易脫穎而出，獲得購屋族青睞。

根據永慶房仲網的點閱率分析，在全省房屋買賣交易最為熱絡的台北市，最受網友歡迎的房屋，同時兼顧各項特色的比例也高居全省之首。在前一百名點閱的房屋中，九十一%近市場、九十%近學校、八十六%就近可停車、七十九%近警察局、七十六%近公園、六十%近醫院、五十六%為邊間……。合計起來，八十八%的房屋同時具備有五個以上的優勢、七十六%同時兼具六個以上的特質，意味要在眾多房屋之中脫穎而出，本身所具備的條件與特色都要更為多元。

理財小密碼

- 買屋的原則就是地段，除了地段，地段，還是地段。
- 在眾多房屋中脫穎而出，條件、特色需要更多元。

表一 最受青睞區域前十位

順位	區域	首選區得票率	總得票數（票）
1	北市大安區	22.8%	195
2	北市信義區	11.8%	127
3	北市中山區	10.4%	135
4	北市士林區	9.5%	150
5	北市內湖區	3.7%	102
6	北市松山區	3.7%	52
7	北縣新店市	2.9%	52
8	北市文山區	2.1%	47
9	桃園縣桃園市	1.9%	49
10	北市中正區	1.7%	46

表二 樣本結構（年齡及區域）

性別／年齡	30 以下	31~40	41~50	50 以上	未填	合計
女	67	94	11	7	3	182
男	88	171	28	11	3	301
合計	155	265	39	18	6	483
性別／區域	台北市	台北縣	桃園縣	新竹縣市	其他地區	合計
女	97	41	20	14	10	182
男	135	106	39	6	15	301
合計	232	147	59	20	25	483

單位：份

資料統計：住展雜誌

表三：網路看屋熱門房屋分析

縣　市	平均坪數（坪）	平均總價（萬元）	平均屋齡（年）	外部條件優勢		
				1	2	3
台北市	27.3	718	15.9	市場（91%）	學校（90%）	停車（86%）
台北縣	30.7	572	11.6	學校（93%）	停車（86%）	市場（83%）
桃園縣	39.2	385	10.1	學校（92%）	市場（78%）	公園（61%）
新竹市	35.8	446	12.3	學校（87%）	市場（69%）	警局（59%）
新竹縣	43.4	578	8.1	學校（54%）	車位（51%）	醫院（33%）
台中市	33.3	353	9.8	學校（94%）	市場（93%）	公園（87%）
台中縣	44.4	447	11.5	學校（79%）	市場（68%）	公園（58%）
台南市	47.0	498	12.4	學校（93%）	醫院（84%）	警局（72%）
台南縣	42.0	317	11.1	學校（81%）	市場（54%）	公園（46%）
高雄市	37.9	392	11.1	學校（87%）	市場（83%）	醫院（79%）
高雄縣	44.2	423	12.2	學校（86%）	警局（67%）	市場（56%）

註1：本表調查範圍為93.8.1－93.8.25各縣市點閱次數最高的前100名房屋

註2：房屋特色調查項目包括屋齡、邊間、中庭、加蓋、車位、警局、市場、停車、火車、捷運、公園、學校、醫院

註3：括弧內百分比，代表點閱次數前100名房屋中具有該項條件的比例

資料來源：永慶房仲網

八、利率上升對房貸的影響

我常常跟別人說，我的理財經驗是「嚇」出來的，只是當別人都在嚇的時候，我會拿出紙筆算一下，然後就會安慰自己「還好！還好！」。

以買房子的事來說，很多人都會擔心，房地產會不會再最高峰？現在買會不會成為最後一隻老鼠？萬一利率升高之後，我會不會吃虧？當然，買房子之前這些問題都應該先過濾一遍，不過我認為，天下事，不可能一人佔盡便宜，套句俗語「有一好，沒有兩好」。

買屋之前，一定要問自己，我為何要買？嫌錢多還是貪圖利息低，還是需要一個安穩的殼？記住一次只能要一個答案！我以前很喜歡卜卦，有時候不靈，老師說

「你的心思不集中，一次只能問一個問題」，後來我把這個意念灌注到每一件事情上面，很有收穫。例如，我要利率最低的房貸，就要忍受房貸額度不夠高；我要找離家近的銀行，利息就會差一點點，總是很難十全十美。不過我們要去善用那九分的美，也就是說，我要有殼，我就要努力去買屋，哪怕以後利息會上升到十%（不要懷疑，我在八十一年購屋的時候，利息就是這麼高），那你要很高興擁有一個房子，用另外的角度來說，你有了房子，也強迫自己把錢存下來了。

買股票的道理也一樣，很多人總是怨恨自己沒有「買在最低點、賣在最高點」，我總是說，連法人都沒有辦法如此精準，法人也是要靠平均成本法來降低自己的成本，如果你的買進之後，有賺到，恭喜妳，這就是很成功的操作模式。

其實買了房子，最擔心就是利率上升之後應該如何？很多人開始擔心應該怎麼辦？在我的觀察，只要不是百分百的房貸，過去我都鼓勵大家有五成的自備款再來買屋，這樣的財務操作比較穩健，接下來之後，我們就來估算，到底利率上升，對你的房貸增加多少？

算過之後，真的不需要人嚇人，其實一但調升利率〇・二五％（一碼），以貸款二百萬元為例，每月房貸僅增加二百五十元左右，一個月少喝兩、三杯咖啡就夠支應！利率調高一％（四碼），同樣房屋貸款二百萬元，每月房貸也只多一千元左右，應該也還在一般人都可接受的範圍。

根據內政部建研所最新資料顯示，台灣地區房屋平均成交總價為五百萬元，台北市為七百五十萬元。若以台灣地區房屋平均成交總價五百萬元計算，八成貸款為二百萬元，貸款期間二十年，以本息平均攤還計算，其中二百萬元為利率二・四二五％優惠房貸，另外二百萬元為利率二・五％的一般房貸。若是利率上升〇・五％，每月房貸總支出僅增加四百九十四元。

若以台北市的房屋總價七百五十萬元貸款八成，即六百萬元為例，若貸款期間二十年，其中兩百五十萬元為利率二・四二五％的政府優惠房貸，另外三百五十萬元為利率二・五%的一般房貸。從（表一）中得知，當貸款利率上升〇・五%時，房貸每月負擔僅增加八百六十四元。

根據央行公佈數據顯示，各行庫辦理指數型房貸餘額，平均約佔銀行房貸總餘額的九二・八九%，幾乎大部分的房貸都是指數型房貸。若以七月底全國指數型房貸金額約三・二兆元計算，當房貸利率每上升一個基本點（〇・〇一%）時，全國房貸利息支出將增加三・二億元；如果利率一年上升一%，全國利息支出將增加三百二十億元，若除以一百四十萬房貸戶計算，平均每戶一年將增加約二萬三千元的房貸支出，對每一般房貸戶而言，尚屬可以接受的合理範圍。

以現階段利率上升的壓力來觀察，購屋族者在進行購屋預算規劃，需評估未來每月房貸負擔時，應將利率上升後所可能增加的負擔一併考量。如果以本息平均攤還方式試算，六百萬元的房貸，在利率上升〇・五%時，每月房貸增加一千四百八十二元，每年增加一七七八四元，現在很多銀行網站都有試算的表格，你不妨上網去試算一下。

基本上，很難去說明一個家庭的房貸應該有多少，不同的家庭收入水準，讓每一個家庭在房貸的負擔能力上也不盡相同，根據過去專家的說法，房貸支出以不超過家庭收入的三分之一為宜，這點我很認同，只是若當利率回升，房貸支出超過家庭收入三分之一，但是家庭收入並未同步成長，家庭收支結構將會發生嚴重的排擠效應，影響其他民生必需品的支出，這時候就要考慮開源節流的做法。

目前市面上大多數的銀行，在指數型房貸利率的計價基礎上，都是視市場上定儲利率的水準每三個月調整一次，所以當房貸利率上升時，並非每一位消費者在第一個月，就會感受到房貸增加的壓力，必須等到下一次貸款行庫調高定儲利率指數後，也就是說最慢要等三個月後，才會明顯感受到利率變化帶來的影響，一般人不必太過擔心。

現在有很多人因為擔心利率上揚，所以就先去考量固定型房貸，其實我想要說的是，各銀行的利率水準都差不多，相差不到一個百分點，但是條件空間很大，現在選擇固定利率，也不見得佔到便宜，所以，根據自己的需要，選擇適合自己的房貸，不需要自己嚇自己，也不要因為利息可能走高，就把購屋的夢想粉碎。

理財小密碼

- 買屋之前，一定要問自己為何要買？記住！一次只能要一個答案！

表一：房貸利率上升對支出的影響分析表

每月房貸支出增加的金額，金額單位：元

貸款金額	利率2.5%時每月本息平攤金額	利率上升0.25%時	利率上升0.5%時	利率上升1%時	利率上升2%時
1,000,000	5,299	123	247	501	1,027
2,000,000	10,598	245	494	1,001	2,055
3,000,000	15,897	368	741	1,502	3,082
3,500,000	18,547	428	864	1,752	3,596
5,000,000	26,495	613	1,235	2,503	5,137
6,000,000	31,794	662	1,482	3,004	6,165
8,000,000	42,392	981	1,976	4,005	8,220
10,000,000	52,990	1,227	2,470	5,006	10,275

說明：以貸款利率2.5%為基礎，無寬限期，貸款期間20年，以本息平均攤還計算，計算利率分別增加 0.25%、0.5%、1%及 2%時，房貸增加的金額。

資料來源：永慶房屋

房屋貸款 200 萬元利率調升每月增加房貸支出比較

	目前利率下房貸負擔	調升一碼（0.25%）	每月增加支出	調升四碼（1.00%）	每月增加支出
政策性優惠房貸（2.425%）	10,526 元	10,770 元	244 元	11,523 元	997 元
勞宅／國宅貸款（2.125%）	7,519 元	7,774 元	255 元	8,568 元	1,049 元
一般銀行房貸（3.000%）	11,092 元	11,344 元	252 元	12,120 元	1,028 元

資料來源：信義房屋不動產企劃研究室

九、我的懶人投資術

很多人都會認為，懂得理財或是會做財務工程的人，大概都是股票炒手，每天高出低進，或是有著索羅斯的炒匯實力。其實，你會發現，越是懂得的人，理財方式越是簡單，而且保守，我正在進行這樣的變化。

在股市中，征戰多年，我常常懷念一整面電視牆在我眼前跳動的快感，感覺上，股票的跳動與我的呼吸頻率，甚至心跳都是一致的。

後來先生轉任投信事業，我也必須戒掉我的股票買賣習慣，不能衝殺、更不能買。這個階段中，我發現，如果你錯過波段，根本賺不了大錢，當然征戰多年，有很多時候，發現都是「一場遊戲、一場夢」，有賺到，但是失去的也不少。

現階段，如果用現金去放在定存，並不符合我的概念。因為我的**三不政策，就是不放銀行、不跟會、不做不熟悉的投資**，因為銀行現在定存利率幾乎是快等於零，銀行只能放一些零用金，作為家庭臨時支出的使用。

受到先生的影響，我以基金投資為主，同時也相信，時間會幫我賺到錢，假設你現在只有三十歲，你在三十歲這一年，你每個月都存五千塊的話，那麼其實你到六十歲的時候，報酬率七%你就有六百萬，可是三十歲存五千塊錢，並不表示你四十歲只能存五千塊，因為你四十歲的時候，所得會比較高那時候你存的錢，就會高過五千塊，其實你最後能夠超過六百萬的機會是非常高。

定時定額的觀念是我推薦的輕鬆理財術，也是小兵立大功的策略，我現在很後悔，因為我應該一出社會的時候二十幾歲我就要開始做，現在很多媽媽都是小孩一出生就幫他做投資規劃，我覺得很好，因為定時定額有平均成本效應，又有複利的乘數效果，尤其以前的報酬率比較高。或許因為基金數也少，然後競爭者或者是一些基金經理人的概念，操盤人的技巧比較好，以前大概都有十五%，現在來講大概是集中在五%到八%。

我覺得現在的投資人在投資的時候，一定要有一部分的錢投資在自己身處的這個市場裡面，同時一定要有一部分的錢投資在國外的市場裡面。因為不管是經驗值或是研究結果，都證實**只要進行一個全球性資產配置的話，你的投資組合會比只有投資在國內要好很多**。

現在就是很流行的 fund of fund 就是組合式基金，我個人比較推薦大家現在可以買組合型基金，我常常講說**組合型式基金可以給你兩個保險：第一個是市場的保險，第二個就是給你資金的保險**。為什麼這樣講，因為組合型基金是來自於全球的投資，如果我們現在以一個海外的一個組合型基金來講，海外型的組合基金不會設定單一個國家，一定是美國、英國或是可能是印度或是歐洲一些國家，然後把這些國家裡面最好的基金組合起來這是第一個保險。

第二個保險，就是基金的保險。因為組合基金裡可能有股票型可能也有債券型，或許也有一些科技型，可能也有一些再去買組合型裡面的組合型基金，所以這第二個保險就是把你整個基金的風險再過濾一次，所以顯得相對安全。

除了把錢放在基金上，我也投資自己、投資家庭。投資自己，除了進修之外，我也會堅守我是「外貌協會永久董事」的職銜，讓自己時時刻刻都是「財貌雙全」的氛圍。投資家庭上，我每年都跟先生出國一次，這可是現在緊張婚姻關係中的一帖良藥，有人賺到錢，賠上婚姻，非常不值。還有就是每年帶家人一起旅遊，旅遊很花錢，但是卻是投資在家人的情感上，這些投資看起來都是賠錢，但是回收的情感、趣味以及甜美的回憶，卻是價值連城。

理財小密碼

• 越是懂得理財的人，方式越是簡單、保守。

• 投資理財很重要，但要記得也要投資自己、投資家庭。

chapter 4

活在當下，寄望未來

一、快速累積創業基金

當員工太辛苦，總覺得老闆對不起我們，女孩子還好，我就覺得生小孩做月子那二個月的時間中，最幸福，因為不用工作，還會有薪水進帳。

男生的壓力更大，我就聽過老公的謬論，說來有幾分道理，他說，他的薪水要分成三份，一份是出席費，對於一個每天早出晚歸的上班族來說，這是基本「底薪」，另外一份是「開會津貼」因為幾乎每天都有開不完的會，接下來的那一份就是「遮羞費」因為老闆會罵、客戶會罵，連晚回家，老婆、孩子都會罵，這樣的工作環境，很多人都會想到，乾脆自己當老闆！

其實，對許多年輕人來講，當前景氣不佳、滿街失業人口，如果幸運找到工作的話，老闆又常將員工一人當兩人用，而且下班時間也缺乏彈性，薪水又少，有不少人都想過轉換工作跑道。於是就有人想過乾脆不吃人頭路，自己創業當頭家，既不用受老闆的氣，想要幾點工作就幾點工作，如果做得好的話收入又多，更是累積財富的踏腳石，這樣的想法其實相當符合新生代敢衝、敢闖、不受拘束的生活哲學，所以現在創業風潮越來越盛。

想要較爲穩當的創業，就以已經有一定知名度，能夠加盟的連鎖店最受歡迎，餐飲業如美而美早餐店、快可立泡沫紅茶店、壹咖啡咖啡店，還有便利商店如萊爾富、7-11等，另外娛樂業像是漫畫出租店十大花蝶、皇冠租書店等加盟店都相當吸引人。主要是因為連鎖店多具相當知名度，又有原先開店的know-how、集體購物能帶來經濟規模、壓低進貨成本、而開店成本亦不高，多在一、二百萬元以內（資料來源：各加盟業者），回收期間短，總總因素加起來，對青年人尤其具有吸引力。

然而，這筆創業基金又該如何累積呢？很多人都會想到青年創業貸款，我想這是不錯的路，不過限制很多，而且大家還要具備紙上功夫，創業說明書要寫得長篇大論，還要引經據點，我的一位朋友，燒的一手好咖啡，但是他的手不會寫萬言書，跟銀行借不到錢，於是轉為跟家人借，還好家人都很支持，現在大家都有錢賺。

如果你沒有一個較有錢的家族，我想，靠自己也是可行的路，特別是年輕人累積創業金可以考慮採用定時定額投資基金的方式，尤其年輕人具有無限的未來性，更是適合購買具有高度爆發力及成長力的區域型或科技型基金。雖然科技類股現在人人喊打，但實際上科技股又可分為多種次產業，如半導體、通訊、網路、軟體等產業，而各產業彼此間通常不具絕對相關，因此科技型基金仍能藉由投資在不同的次產業而達到分散風險的效果，如果選擇的是全球型的科技基金，因為投資在不同的經濟體、不同的國家，更能達到區域分散的投資效果。

如果是屬於「謀定而後動」的人，決定在數年後轉業，自己當老闆的人，更可以將每月薪水固定撥出一部份定時定額投資基金。定時定額是所謂的「懶人投資法」，因為定時定額能將基金平均持有成本拉低，避免投資人不小心在高點投入的慘劇。而且現在業者多推出自動扣繳的服務，每月直接從銀行轉帳，無須花費投資人多餘心力，頂多定期檢視基金績效即可，而參與門檻又低，一般最低每月三千元即可加入，非常符合年輕人的需求，有意創業的年輕人可以評估自己需要準備的創業金，還有預計離開職場自己開店的時間，決定每月所需投資金額，相信只要有心，人人皆可創業成功。

不過創業之後，有很多人都賺到大錢，也有很多人慘賠出場，其中還是有很大的學問在，幾年前，我也覺得我在報社工作，只領到「微薄」的薪水，覺得很不甘心，我想依照我的努力程度，一定可以賺三、五倍我現有薪水的錢，於是也跟著朋友開公司，後來，錢賺到了，但是工作壓力大，也讓我喘不過氣來，有好幾次想要結束公司，但是都想到，還有員工的薪水要付，如果我收攤了，員工下個月的房租錢、吃飯錢就會有問題，我不敢結束公司，那一陣子，我好佩服我以前的老闆，因為他撐了五十年，真是偉大！

理財小密碼

．年輕人具有無限的未來性，適合購買具有高度爆發力、成長力的區域型基金。

二、建立個人的品牌

工作多年以來，我覺得現在很輕鬆，因為我現在沒有上下班時間，不用扛一個隨時都有壓力的記者生物時鐘，最重要的是，我也卸下扛在我身上的「招牌」。過去十幾年來，我總是先跟大家說「我是《中時晚報》的夏韻芬……」當然，我相信，很多祕書、發言人或是公司老闆在一開始的時候，不會注意我的名字，但是一定會知道我是頂著《中國時報》集團這頂大招牌，也許他們見我，為的是這塊招牌，如今，我卸下招牌有三年多的時間，我很慶幸，終於把自己的名字當成真正的招牌。

如果以企業來說，自創品牌是一條遙遠又艱困的路，過去宏碁的大家長施振榮就有這樣的感嘆。的確要自創品牌很辛苦，對於現代人期待自己走出一片天，希望自己做SOHO族，更要有這樣的體認，把自己當成一個最重要的品牌來經營，因為你已經沒有靠山了。

以前，我就喜歡一個寓言故事，來自《戰國策》，原文是：「虎求百獸而食之，得狐。狐曰『子無敢食我也。天帝使我掌百獸，今子食我，是逆天帝命也。子以我為不信，吾先為子先行，子隨我後，觀百獸之見我敢不走乎？』虎以為然，固遂與行，獸見之皆走，虎不知獸之畏己而走也，以為畏狐也。」這就是說狐假虎威，後來說給孩子聽，孩子都會背這篇文言文，其實，我以前常常提醒自己，我就像披了老虎皮的人，人家害怕的、敬重的是《中國時報》，不是我！如果要讓自己出現價值，就試試看，沒有這個老虎皮，大家對我敬重否？

還有在報社時候，總是喜歡跟美編聊天，他們有滿腹的心酸，因為報紙上呈現的都是記者的名字，他們再努力也沒有用，沒人看的見？其實不然，很多內行人都會看記者的筆夠不夠利、編輯的標題夠不夠味、還有美編夠不夠炫！如果你輕言放棄自己的品牌，一定會後悔！

我有幾次跟利菁接觸過，她是電視購物的銷售天后，有多人在分析她成功的原因，包括她的話題多、肢體語言豐富、收集資料齊全等等，後來我發現，她是跟先生兩個人在經營「利菁」這個品牌，為了這個品牌，她會做市場調查，會去賣場比價，還會上網找資料，這也就是她積極經營的利菁品牌，也是成功的因素。

當一個藝人是很難的事，能夠上電視當個專家也不容易，當然當上主持人，更是考驗，不過如果就我的觀察，其實這個世界上，厲害的人太多了，有能力的、才貌雙全的人都很多，但是往往「運氣」會成為最重要的因素。所以劉德華等了四年，楊貴媚等了三年拿到金馬大獎，說他們去年表現最好，也不一定，但這就是個人品牌的魅力，有努力加上運氣，就會有結果，如果少了運氣也不用氣餒，經營自己也是需要花時間的。

截稿前夕，剛好看到我的偶像費翔接受採訪，我最敬佩的是，他在台灣爆紅，到大陸更是風靡，連他自己都說到大陸，處處人山人海的讚揚他，他已經不確定自己是歌星還是萬人崇拜的神了！但是那時候，他卻跑到紐約去跟三千人搶一個百老匯的歌劇小腳色，他見到更多優秀的人，他謙卑的由小角色到主角，再度證實他的實力。

這也就說明，當人有了運氣不能囂張，好好好珍惜，因為有更多的人少了這一分運氣。當然運氣來了，不能停止學習，否則後面的人就會把你淹沒……，藝人如此、產業如此，如果你要自己創業，打造自己的品牌更是如此！

三、店面投資

我很欣賞永慶房屋的協理陳史翎，他是念營養的，常常告訴我要吃五穀米，要去買黑豆粉，當然，他的投資建議也很貼切。我常說，我老的時候，要買一間房子來收房租，就是我所稱的「啞巴兒子」，每月吐錢給我，我不用看他的臉色，但是他要看我臉色，因為我會說「不給錢就滾蛋！」，陳史翎很贊同我的觀念，不過他說，這不夠，要投資店面，賺的多，這種「金兒子」不好找，找到，一定賺！

過去提到房地產投資，一般人大多會聯想投資小套房，因為投資套房的資金門檻不高，如果小套房產品是座落在交通方便、學生租屋需求大或公司行號群聚的區域，那當然就沒有後顧之憂。不過，投資套房容易因類似產品多、招租的競爭大而面臨收不到房客或租金不如預期的情況，甚至可能會因為住戶複雜，導致房客的流動率高，一般的投資報酬率普遍在二%到四%。

相形之下，店面屬高報酬的投資產品，不過店面總價較高，進入門檻比起套房是高出很多。但是因市場上同類競爭產品少，只要位在熱門潛力商圈，店家承租後的獲利良好，便經常出現搶租的情況，租金也會因此有調升的空間，平均投報率在四%到六%，如果以目前定存來算，店面投資獲利平均可達定存七倍，難怪被陳史翊稱為「金兒子」。

舉例來說，如果我有九百萬資金，假使把錢放在年息一%的定存，則每月獲利七千五百元；若再向銀行貸出年息二・七%的房貸二千一百萬元，買下三千萬的店面，則每月繳息四萬七千二百五十元，若該店面每月可租十萬元，扣除利息支出則仍有五萬二千七百五十元進帳，總獲利約為定存的七倍，兩種投資選擇獲利的差異性很大。

如果根據永慶房屋成交案件統計顯示，現在店面產品成交率都有比去年成長的跡象，以大台北地區熱門店面區域來說，台北市大安區的臨江街、大安路SOGO商圈、統領百貨後商圈店面，松山區南京東路商圈、民生社區，及北縣各捷運站沿線路段店面等，為主要熱門區域。

預計在民國九十六年、一百年相繼完工的北、高捷運網，可預見的人潮及錢潮，已讓捷運沿線金店面成為投資人的目標。目前完工通車的六條路線中，有二條線交會的捷運站僅有台北車站、忠孝復興站及古亭站，雖然交會站不多，但人潮效果卻十分驚人。

木柵線與南港線交會忠孝復興站的SOGO商圈，原本就屬於全台灣的指標性商圈，在捷運通車後，對於人潮的帶動更具加乘效果，比周邊巷內的租金高出一到二倍。而新店線與中和線交會的古亭商圈，則是典型的捷運交會型商圈，未來與公館商圈連成一氣，租金效益可望再推升。

再加上初期路網尚未完成的內湖線，在民國一百年前後，將有七條路線陸續完工通車，同時，捷運站總數將快速增加至一六六站，交會站更將增加至三十餘站，為現在的十餘倍。未來激增的人潮流量，所帶來的消費威力也將大增，因此預期捷運交會型車站附近的店面將具增值潛力、抗跌性也較佳，值得投資人特別留意。

另外，高雄捷運也是蓄勢待發，預計在民國九十六年年中完工的高雄捷運，目前雖然正值施工黑暗期，但是沿線房市卻早已進入發酵期，店面交易有日趨熱絡的情況。

高雄的十字型捷運紅線南起小港機場往北一路貫穿到岡山，總計二十三站；東西向的橘線則由大寮地區往西一直通到西子灣，總計十四站，兩線交會於「捷運之心」大港埔站，不僅貫穿連絡高雄南北區域，也加速了高雄縣市往來便利性；而其他如新崛江站、文化中心站、大東站也因其商圈完整、成熟的特質，適合投資人逢低進場佈局。

當然自己當房東，也不要親自下海，畢竟店面經營是很辛苦的事，我有一個朋友，悟到自己下廚很辛苦，於是買了店面不煮東西，不賣吃的，當起連鎖超商的老闆，據他的想法「店面很乾淨，陳列清楚，而且又有進出貨的統計報表系統，只要夫妻兩個顧店，還有冷氣可以吹，真是幸福……」結果開店三個月之後，碰到除夕夜，當然不能回家吃年夜飯，夫妻倆擠在倉庫，吃了簡易火鍋，就發現原來開店的心酸正在這，下一個過年前，他就請了店長，不顧店了。

投資店面，其實是退休規劃一個很好的作法，根據內政部統計處資料顯示，九十二年底六十五歲以上的老人人口數已高達二百零八萬七千人，佔全國人口比例的九·一%，較十年前提高近二%，顯示台灣老年化社會的趨勢已儼然形成。然而，五、六年級生卻在擔心經濟環境不好，養不起小孩的陰霾下，新生兒的出生率逐年降低，因此，「養兒防老」的觀念在現今的社會中已經逐漸改變，投資店面來養老，這種鍍金的兒子，比親兒子要爭氣許多。

投資店面除了做為退休規劃之外，節稅的效應更是不容忽視，只要善加運用，在需要使用遺贈稅時，更能發揮節稅的作用。運用不動產節稅的主要利基，在於不動產的遺產稅計稅方式，乃是以公告現值與房屋評定現值總額計稅，而實際上市價與二者的落差大，因而出現節稅空間，然而在各項不動產產品中，又以店面的市價與公告現值的落差最為可觀。

舉例來說，退休某甲擁有五千二百五十萬元的現金，這筆現金資產若是沒有做任何節稅計劃，以一般條件假設（家庭成員為一妻及兩位成年子女），扣除免稅額及其他扣除額之後，死後必須繳納的遺產稅仍高達一千一百萬元。

但若是這位某甲，在生前將這五千二百五十萬元，拿去購買復興南路一段SOGO百貨後方巷內的大樓店面，店面面積三十一坪，土地持份三點三七坪，總價五千二百五十萬元，（土地公告現值約二百八十三萬元，房屋評定現值七十二萬五千元，總計三百五十五萬五千元），遺產稅以土地公告現值加上房屋評定現值來計算，由於個人免稅額便達七百萬元，因此根本不用繳交遺產稅，與現金資產必須繳納的遺產稅相較，節稅金額高達一千一百萬元。

基本上，店面不但可以作自身需要而購買，也可作為投資理財的工具，只是因為資金門檻高，因此該如何研判何種店面值得購買或投資？就是大學問。不過照陳史翊的看法，店面的形成，其實是社會化的成果，無論是交通人潮或是社區住宅需求，是商圈的形成的原因，一般來說，**店面的類型分爲三種類型：**

第一類：交通轉運點。像過去的公車站牌，或是現在的捷運站，都是因交通人潮、上班人潮等帶動店面生成的類型，而這一類的店面種類也很多元，只要是一般民生需求的商業種類都可因應而生。

第二類：百貨商圈。以百貨公司或是夜市為主，其周遭也多會有因購物人潮而發展店面，像是SOGO百貨、士林夜市、統領百貨商圈等都是很好的例子。這一類型的店面型態也與第一種類型一樣，多元而豐富。

第三類：社區商圈。這一類的商店類型多是因應社區的需求而發展出，也因為社區的消費型態有所不同，所以，社區店家也多會受社區發展而影響和限制。如民生東路與敦化北路口的店家種類與安和路一段的店家種類就有明顯的差別，前者因為住宅人口的特質及需求，頂級的服飾業與珠寶業比比皆是，而後者的消費人潮則是中午上班人潮、傍晚住家人潮，也因此多為餐飲類、生活雜貨的類型。

以目前的房地產景氣來說，目前房價已經是十餘年來的低檔期，搭配低利率與高額貸款的條件，以成本角度來看，目前顯然是購買店面投資是絕佳的時機；若以投資潛力來看，只要慎選投資地點，投資增值的潛力十分可觀，未來民國一百年的捷運路網，將徹底改變大台北地區的商圈結構及店面型態，只要把握低價儘早進場卡位，未來增值獲利空間十分值得期待。

理財小密碼

- 投資店面來養老，這種鍍金的兒子，比親兒子要爭氣許多。
- 店面不但可以作自身需要而購買，也可作為投資理財的工具，還具有節稅效應。

捷運沿線優質店面推薦一覽表

路線	捷運站名	商圈／路段	租金行情	總　價
木柵線、板南線交會	忠孝復興站	SOGO 商圈	25 萬 -50 萬	5000 萬 -1 億
新店線、中和線交會	古亭站	古亭商圈	9 萬 -11 萬	2000 萬 -3500 萬
木柵線	南京東路站	南京復興辦公商圈	20 萬 -30 萬	4000 萬 -5000 萬
	萬芳醫院站	中國技術學院商圈	12 萬 -20 萬	2500 萬 -4500 萬
內湖線	內湖站	德安百貨商圈	10 萬 -40 萬	3000 萬 -5000 萬
板南線	新埔站	致理商專周邊	6 萬 -15 萬	2500 萬 -3000 萬
	市政府站	忠孝東路五段	7 萬 -12 萬	2500 萬 -3000 萬
中和線	永安站	永安市場	6 萬 -10 萬	2500 萬 -3000 萬
	頂溪站	樂華夜市、竹林商場、永和豆漿街	6 萬 -10 萬	1500 萬 -3000 萬
新莊線	菜寮站	重新路三段	5 萬 -6 萬	1000 萬 -1500 萬
	新莊站	中正路	6 萬 -10 萬	2000 萬 -2800 萬
	輔大站	輔大學區商圈	10 萬 -15 萬	2000 萬 -3500 萬

資料來源：永慶房屋

四、有錢景的行業

創業是累積財富很快的方式，我常常戲謔老公，雖然已經貴為總經理，不過還是領老闆的薪水，只能算是打工一族，真正自己當老闆才容易累積財富。

當然，天下沒有白吃的午餐，很多創業不但沒有賺到錢，還會賠上一屁股。好友歐陽就開過咖啡廳，那是所有女生都想過的開店計畫，包括我在內，都會有這種浪漫的開店計劃，那時候，歐陽常常在咖啡廳裡寫劇本，後來想，乾脆自己開個咖啡廳來經營，就在自己的店裡面寫劇本，又實際有浪漫。於是她花了四十萬元的加盟金，然後在民生東路找到一個月十一萬元的店面，請了三個員工，後來發現，每個月的營業額付掉房租、進貨、員工薪水之後，連自己的薪水都付不出來，後來，人員的流動，自己每天在咖啡廳裡忙進忙出，所有的浪漫都沒有，撐了兩年，連自己的健康都要賠進去了，只好忍痛收掉咖啡廳，現在的她終於可以在別人的咖啡廳裡愉快的寫劇本。

還有我的小學妹小燕子，人長的極漂亮，家裡開花店，每次到她店裡，總是覺得賞心悅目，因為花漂亮，她自己又會包裝，這種美美的行業，也讓我心動過，不過後來，她跟我說每天四點要去花市批花，批完花回來就要開始整理，她的手不但是傷痕累累（被花刺到，特別是玫瑰花最容易刺到），指甲更是長期整理葉子，葉綠素已經深入皮膚裡層，十根指甲都是黑的，後來她真是覺得傷心，就把花店關了，自己到航空公司上班。

其實，我們看別人創業都覺得很容易，有時候我到麵攤吃麵，都覺得老闆的大鍋子，簡直就像印鈔機，真會印鈔票，但是換成自己去做，有沒有能耐，就要好好考慮了。

在**創業初期，我很贊成加盟的方式**，畢竟加盟系統都已經有一套流程可以讓加盟主很快的進入狀況，縮短自己摸索的作業流程，不過，在加盟的時候，通常系統都是以最賺錢的那一家店當成範例，讓你聽了就想加入，這時候，就要冷靜的思考一下是不是不要太衝動。例如，我現在也發現三十五元的咖啡很好喝，如果咖啡的價格已經殺到三十五元，一個月的房租如果要十萬元，一天就要賣出九十五杯咖啡，一個月三十天不休息，可以把房租的錢湊出來，但是不包括請人、進貨、裝潢費用。

除了咖啡之外，我也發現有很多產業，其實很也有潛力，就像我有一次跟《今周刊》的社長梁永煌訪談，我們聊到幫孩子找到新的趨勢，因為電子新貴的時代已經過去了，生化科技又不成熟，到底應該如何幫孩子找到新的方向。後來，我們發現讓孩子學體育很好，因為現在健身熱潮，大家都需要有很好的健身教練，學藝術的也不錯，包括公共空間設計、室內設計或是其他如花藝設計等等，有一次我跟一位花藝設計總監齊云一起上節目，聽他說，有一次花一億元幫一個家族做婚禮佈置，我想，他不但把設計的夢想發揮的淋漓盡致，應該也賺不少吧。

不管是藝術或是體育，過去都是我們認為「會餓死」的行業，到了新時代，就會有不同的發展，當然照孩子的發展來走還是比較正確的作法。

至於一般人想要創業，其實根據我的訪談調查之後，有一些方向，可以提供給大家參考，其中青少年的錢很好賺，只要跟新鮮流行有關，我想他們都會願意掏腰包，以前流行的大頭貼、寵物蛋，都是因為年輕人拼命的買跟使用，所以早期引進的人都大賺一比，所以未來如果開流行服裝、飾品、個性化商品，一樣是抓住年輕人追求流行的意象，都可以快速的賺錢。

青少年容易受同儕團體的影響，別人有，自己就要跟，不然就會沒有朋友，再加上父母親生的少，大家也都願意犧牲自己來成全孩子，所以小孩錢還是最容易賺錢的大方向。

有人說，**小孩錢跟女人錢最好賺**，其實所言不假，除了小孩錢之外，目前女人最需要的不是衣服、飾品，其實女人最需要的是有人分擔家務，工作一天之後，如果回家還要面對一大堆的家事，真是會有虛脫感。尤其現在很多小家庭並不具備申請菲傭的條件，因此我認為，家事相關部分的業務值得推廣，我以前採訪過桃媽媽家事的外派，發現她們的生意很好，如果幫忙打掃、洗衣服、煮一頓飯，或是幫忙照顧下課後的孩子，我想有廣大的婦女朋友都會很高興花這筆錢，有心人就要好好想一想這方面的市場。

男人也會有市場的，因為目前為了勞退新制，優退潮從五十歲提前到中年，特別是「高年資、高薪資、高職位」的三高族首當其衝，針對這各族群，人力派遣跟外包，就出現龐大的商機。

早在近三年出現微利時代之後，企業經營不易，台灣許多行業都到了「不合併，就很難再玩下去」的關卡，包括金融、科技、3C量販等產業，紛紛走上合併路，於是造成大量職位被裁減。有的企業優退中壯年員工，使得六、七年級生的工作機會增加，因為老闆的算盤打的精，請一個資深人士，不如花一半，甚至更少的錢找兩個資淺的人，又聽話，又少花錢；對於被資遣的，就需要人力派遣與外包公司的協助，來找新的的工作機會，因此我想，在這幾年中，人力派遣公司還有很大的成長空間。

同樣跟微利時代有關的就是二手市場，包括二手衣、二手車、二手書店、二手CD等都是很好的管道，因為現在賺錢不容易，於是重複使用或是二手的觀念，很容易被接受，加上二手產品的進價很低，可以讓進貨成本壓低，如果能夠判斷熱門的商品，大概就能夠將資本回收。就像我的朋友歐陽，當時開咖啡廳時候，買一把椅子要兩千元，後來賣給二手市場，一把不到一百元，這就是進貨成本低的優勢，當然如果有絕版的CD或是名人的衣服、飾品，我想銷售成績會更好，當然貨源也是主導二手市場很重要的關鍵。

最後，大家一定覺得很納悶，為什麼我沒有提到路邊攤，其實路邊攤創業最容易，現在有很多路邊攤手藝教學的補習班，有老師教導訣竅，如果要買推車，到環河南路也可以輕鬆買到，但是路邊攤要在哪裡擺，很重要，否則光是罰單就接不完。還有路邊攤，有更多的辛苦，有時候進了食材，但是臨時一場大雨，結果東西就沒有辦法賣，有時候有的路邊攤大排長龍，有的冷冷清清，說是口味影響，其時差不多，這時候，我就有點相信風水論。

所以有人說，怕熱就不要進廚房，我就看過很多路邊攤的老闆們，不管一年四季，不管寒流來襲，都是汗衫短褲，而且還滿頭大汗，那種辛苦真讓人敬佩。

如果不想這麼辛苦，其實我覺得減壓會是現代人很大的需求，現代人的壓力過大，除了各大醫院的壓力門診天天爆滿之外，還有很多未爆彈隱藏在很多角落，有時候，我很喜歡去做精油按摩，二個小時下來，覺得很舒服，儘管有點心疼錢，但是都會說服自己「總比憂鬱症爆發要值得」。

我記得以前有一位按摩師叫扭扭，本來家住台中，後來先生北上工作，她在家沒有事，於是找中醫師學習經絡，後來自己在住家附近開一間小的按摩室，因為價格便宜，又有中醫基礎，很受好評，收入直線上升。現在有很多人去學腳底按摩，做各種芳療，或是身體按摩等，有一技在身，又不需要太大的創業成本，像乾妹妹開一家家庭式的做臉、全身SPA的工作室，因為客源穩定，價格相對便宜，開業半年就回本，也算是相當成功的創業模式。

最近我也聽朋友說，很多人都到國外進修靈修或是精油調理的課程，還有人遠赴大陸去學中醫美容，都是看準這塊商機，靈修是另一個形式的心靈輔導，社會越進步，人性就越疏離，藉由靈修滿足心靈的空虛，商機無限，精油的配方調理，針對各種需求，現在已經有人推出長期旅行之後的復甦療程，有開會後的恢復疲勞課程，有產後的塑身跟心靈恢復療程，都有很大的利基。

整體來說，服務業發展空間十分大，其實服務業發展是一個成熟經濟的表徵。在新時代裡，服務業更是會成為工業國家經濟成長的主要動能，服務業的整體產值也會逐漸的大幅向上提升。過去，我們都將服務業定位在餐飲、旅遊、住宿等，其實現在很多的金控理財專員、壽險公司的理財規劃師，甚至喪禮的禮儀規劃師，都有相當高的收入，我記得，去年媽媽的摯友陳媽媽過世，結果家人幫她舉辦一個溫馨的告別式，其中的禮儀師讓我印象深刻，她年輕、親切、熟知各種習俗，連我都會不顧忌諱的幫她推銷。

很多理財專員，目前的工作動機不一而足，有的想增加新商品訊息，有的想要嫁進豪門，有的想賺大錢，每個人的做法也不一樣，不過我要建議的是，把工作當成是服務業，不要當自己是操盤手，否則就會陷入「今日的業績是明日的業障」這樣的噩夢中，很多理財專員會為了各種目的，就會不斷的**PUSH**客戶買進，來賺進業績獎金，但是一但讓客戶賠錢，壓力也就很大，這時候，如果能夠導向服務的本質，提醒客戶該繳稅、該繳學費、該做逐年的財產移轉、該節稅等方向出發，我覺得這才是正確的方向。

其實以我國的服務業發展實力來說，在一九八〇年代中期之前，服務業佔GDP（國內生產毛額）比重維持在四四％至四八％之間，之後因為台灣經濟大幅轉型，農業快速萎縮，製造業大規模外移，造成服務業佔GDP比重一路竄升，到二〇〇三年已達六七．八％，已超越新加坡、南韓，與日本、歐、美等工業國家的比重接近。未來十年台灣服務業佔GDP比重雖不致像香港一樣高達八七％，但是專家都認為，再提高五至十個百分點應該不是問題。

所以台灣的服務業仍有很大的發展空間，只是服務業發展是以人才為本，尤其進入知識經濟的時代，高級人才更是服務業發展不可或缺的關鍵因素。但是，政府財經政策在過去很長的一段時間中，太過於強調高科技產業的發展，各種過當的租稅、金融、土地等獎勵措施，導致民間資金、人才過度集中在少數明星級的高科技產業，大幅壓縮了其他產業的發展，這其中也包括壓縮到服務業的發展空間，服務業召募不到足夠的人才，工作時間長，又要繳很多的稅，立足點不平等，這也需要政府能夠有正確的發展方向跟教育。

最後，我覺得老人的商機很大，現在很多財團也都有意介入養生村的市場，但是如果是個人要投入，我覺得可以利用家事服務的支線，進行老人家的看護。有的老人家不需要看護，只想找人家聊天，只是國內固然因為人口老化將大幅增加老人服務的需求，但是攸關老人經濟生活的國民年金制度迄今仍未完成立法，並不利於老人服務業的正常發展。一位朋友就告訴我，成立安養中心之後，總是有不肖子孫棄養的風險，所以這種趨勢目前可以預見，但是對於想要因此創業的人來說，風險相對比較大，需要三思。

理財小密碼

- 創業初期，可先由加盟開始。
- 時時留意潮流的脈動，鎖定購買的族群，都可以快速賺錢。

五、衰退的行業

創業是希望找到有前景的行業，但是也要小心不要步上即將衰退的行業，否則就會前途「無亮」，我記得在十年前，電子公司是正熱門的行業，但是現在的電子公司卻不再吃香，科技新貴，霎那之間，變成科技新貧。

以前有女兒的人總希望把女兒嫁給醫生，現在醫生也出事，仁愛醫院的人球事件，把醫生的地位降到谷底，其實我以前也發生過一件事，對於仁愛醫院覺得深惡痛覺，因為仁愛醫院在弟弟做完例行的健康檢查之後，還沒有經過任何精密檢查之後，就宣佈弟弟得到癌症。我在辦公室聽到之後，放聲大哭，經由同事建議到另外一個醫院做檢查，後來在榮總經過斷層掃描、血管攝影之後，證實根本就沒有這個跡象，儘管心理踏實不少，但是也很慶幸，當時沒被仁愛醫院嚇死。還有去年公公緊急送到馬偕急診，我擔心病情，要求醫生將過去的病例調閱，才能充分了解病情，醫生也是冷漠的說「急診跟醫療門診是不同的部門，無法調閱！」天知道，同樣一家醫院，竟然會出現這種聲音，可憐的公公在急診室冰冷的度過危險的三天。最後，我們忍不住，趕緊轉院到振興醫院，幸好碰到宋文鑫醫生的細心照料，公公自己都說，差點沒有死在馬偕，所以醫生有好有壞，最好還是不要做醫生，以免累死自己，害死別人。

除了醫生，之前的會計師也出過事，台灣的地雷股事件，害得很多會計師停業；後來，老師也出事，因為電視上的投顧老師被新聞局跟證期會很狠修理，大家都快幹不下去，以前最出名的五師：會計師、醫師、電子工程師、老師、律師，已經有三分之二出事了，這樣下去，漸漸讓讓大家思考新的出路。

除了五師之外，台灣的產業發展也出現很大的變革，由於台灣是出口導向的經濟體，出口結構會深深影響產業結構，以最近近四十年的發展歷程觀察，民國五〇年代，台灣出口第一位的是農產品，食品罐頭成了出口的最大宗，包括鳳梨罐頭、草菇罐頭、蘆筍罐頭都是世界知名，之後在政府「以農業培養工業，以工業發展農業」的政策下，六〇年紡織成衣業便取代罐頭業，那個年代，台灣的紡織業高居美國第三大的紡品供應國。

民國六〇年代國內的家電業逐漸發展，至七〇年代擠下紡織品，躍升出口首位，直至八〇年代，電子資訊產品又取代電機電器。二〇〇〇年時候出口的電子產品（半導體元件等）及資訊通信產品（電腦、手機、面板相關零組件）達四百五十億美元，占出口比重已升至三成多。

如果以時間來算，產業不管是政策使然或是景氣循環，差不多每十年會重新洗牌一次，加工食品、紡織成衣而至電機電器及資訊電腦，變化速度極快，雖然電子產業盛極一時，但是現在大家都在尋找取代電子資訊業的新產業，有人說是生化科技、也有人將目光停留在觀光、娛樂以及數位內容等產業。

要避免做最後一隻老鼠，會研究產業同時看準趨勢就會很重要，現在最令人擔心的是，近年來台灣生育率大幅下降，去年新生兒僅二二．七萬人，較二十年前減少將近一半；青壯人口與老年人口的比例也愈來愈低，現在平均七．六名青壯年需扶養一名老人，十年後此比例將降至四比一、二十年後更降至二．七比一。新生兒減少大幅降低了對教育服務需求，再加上政府錯誤的教改政策，已嚴重衝擊教育服務業的發展，在可預見的未來，勢必出現學校倒閉風潮，尤其是高中及大專院校，所以以後很多老師甚至校長也會失業。

我記得商業週刊就做過一個封面報導，說明在台灣五十年後，會減少五百萬人口，這樣的生育率下滑造成少子化以及造成相關產業關門大吉，都會有很大的影響，不能輕乎。

首先我們認為最容易賺錢的小孩相關行業，就會有衰退的壓力，例如以前很好賺的小孩衣服、安親班、才藝班，在前年開始，我就發現有很多幼稚園有招生的壓力，如果生育率直線下降，幼稚園的經營壓力會很大。週刊也報導，以後的麥當勞會只有老人，沒有小孩，因為那個時候，每個人平均壽命高達八、九十歲，老人愈來愈多了，但是小孩卻愈來愈少，所以走在路上，碰到的都是老人，十個裡面就有四個老人，公園裡少了小孩子嬉鬧的笑聲，醫院卻擠滿了看病的老人。

同樣在市場上很有影響力的《今週刊》也這樣的報導，因為大家生的少，所以也會有等不到產婦的婦產科醫師，他們都需要轉業去做整形、抗老比較有生意！

相關的衝擊還有會面臨關門的幼稚園招不滿學生的國小，以及倒閉的安親班，除了老師會失業，很多投入成本，想要大賺的才藝班的老闆也會受到衝擊，所以現在如果還想賺小孩的錢，可能會大失所望。

理財小密碼

- 創業是要找到有前景的行業，要小心不要步上即將衰退的行業。
- 台灣生育率的下降，影響最大的是小孩相關行業。

六、富爸爸煉金術

我有一個男性友人每次到早餐店都點蘿蔔糕，我總是笑他是老男人，連吃都顯得很傳統，不過他說，他有三明治情結，因為看到三明治就想到自己，「在不忍心吃同類的情緒下」，他已經三年沒有吃三明治。

其實不只是我的這位友人，根據人力銀行調查，很多爸爸的確會有三明治情結，因為在職場征戰的爸爸們壓力最大，在上有父母，下有小孩，必須同時兼顧家庭、事業的情況下，有七成的爸爸表示擔心工作不保，將近四成的爸爸表示收入不夠家庭生活或教育支出。

毫無疑問，三明治爸爸是現代職場爸爸的最佳寫照，在全球化的趨勢下，男性對於工作的不安全感可能與日俱增，因此，父親們把握時機及早進行理財規劃，練就煉金術，正是刻不容緩的議題。

其實不同階段的父親們應該有不同的規劃，父親們需要依照不同人生階段與需求進行規劃，例如「六年級生」父親理財首重長期資產規劃，以支應家庭購屋、育兒基金等重大需求；「五年級生」已有積蓄基礎，但卻屬於負擔最沉重的三明治族，理財就要積極與保守兼顧；四年級生父親則應開始籌措退休基金，以債重於股的投資方式較適宜。

六年級父親理財目標多元讓時間成為最佳推手

基本上，「六年級生」的父親可能剛成家，處於子女尚未出生的準父親狀態，預估未來的家庭支出主要為房貸，購屋、育兒基金、子女教育及保險支出等計畫，這些都需要考慮過去積蓄與未來的儲蓄能力。因此，越早開始理財，長期複利效果越顯著，此階段的父親應節約儲蓄，並善用尚未有沉重家累負擔的黃金期間及早理財。

在投資工具部分，目前若已有部分積蓄，且未來有穩定收入者，建議此時可開始作長期資產配置。由於六年級生的投資目標期限較長，有充足的時間駕馭股票市場的波動，因此**可以選擇置放較高的比重在長期增值潛力強，且爆發力十足的亞洲太平洋股票型基金、日本股票型基金、北歐股票型基金，或是中小型股票型基金等**。

以投資亞洲涵蓋日本的亞太股票型基金為例，若是定期定額每月投入五千元，過去三年的年化報酬率為十二％（新台幣計算），即可累積約二十一．五萬元，足以支付小型房車的頭期款。至於在購屋計畫上，若採定期定額投資十年在日本與歐洲中小型基金，以過去年十年年平均報酬率約一成來計算，可累積約一百萬，支付房屋頭期款。

五年級父親負擔沉重 穩健保守為宜

身為「五年級生」父親，應有累計一點的積蓄，但在生活支出上也是負擔最沉重的三明治族，必須同時兼顧照顧父母與支應兒女龐大教育開支，我常說，五年級生是照顧上一代的最後一代，卻也是被棄養的第一代，一定要有完整的理財規劃。此時投資首重穩健成長，兼顧尋求穩健收益。**這類型的父親除投入適量的資金在積極型股票型基金之外，投資組合宜側重穩健取向的歐洲、美股等成熟市場的股票型基金，以降低投資組合風險，彈性因應平日資金的不時之需**。至於在保守的投資部位方面，可搭配每月提供穩健收益的月配息高收益債券型基金或一般債券型基金。

正因為五年級父親們有可能被子女棄養（不是因為子女不孝，而是因為子女賺錢不易或是生活空間的改變等因素）因此，爸爸也應開始思考籌措退休準備金，須謹記勞保或企業退休金是依年資計算的，因此工作穩定度相對重要，而一但有被迫退休或是計畫提早退休，必須考慮退休準備上須有增加金額的規劃。

四年級父親臨屆退休 首重資產配置

「四年級生」父親的理財方針首重資產配置，以免多年累積的財富因通膨、幣值升貶或經濟衰退而遭損失。在退休準備金的籌措，建議可選「債重於股」的投資組合，**在股票型基金方面，可納入長期穩定度相對較高的歐洲股票型基金**，享有歐洲高股利特性的穩健特質，另可搭配高收益債券或一般月配息債券型基金以求取固定配息收益。

三年級父親退休族 保守當道

至於「三年級生」的退休父親，雖然在全球利率逐步調升的環境下，定存利息收入可望較前一、二年提升，但一般預期利率已難再回以往動輒七%、八%的水準，因此銀髮族不能僅靠定存利息維生。在保守為重的投資態度下，**可選擇海外月配息債券型基金作爲核心資產**。

如果說女人需要「有錢花」跟「盡量花」兩種花來促成理財動機，那麼男人需要看到三明治的時候，就要有煉金術的本領！

理財小密碼

- 三年級生：保守當道。
- 四年級生：以債重於股的投資方式較適宜。
- 五年級生：理財積極與保守兼顧。
- 六年級生：理財首重長期資產規劃，以支應家庭購屋、育兒基金等重大需求。

chapter 5

規劃退休金有妙招

一、憑什麼退休

有一次應《智富雜誌》的邀請，參加一個退休講座，社長林奇芬給我一個很好，但也很難的題目，就是「憑什麼退休？」。這個題目讓我思考很久，這也成為我最近逼問大家的問題。

大約十年前，我因為要幫外婆尋找安養中心，於是有了一個終身難忘的經驗。我參觀的養老院規模不大，但是窗明几淨，看護也顯得親切，到了午餐時間，已經有義工開始來幫忙，我只看到義工開始分工，有的開始剪報紙，中間留下一個圓形的大洞；有的開始拿一個大大的碗公開始裝進飯菜，一碗飯大概夠五、六個人吃，我開始納悶，不過沒多久，我就看到答案，一個義工媽媽把剪好的報紙，套在老人頭上，另一個媽媽開始餵飯，果然一人一口，餵了七個人，我看呆了，看著看著，眼眶也就模糊起來了，這樣的生活品質，我實在無法接受。

去年，我的好友冠印大哥去潤泰集團工作，他開始跟我介紹養老村的規劃，看著平面圖，以及立體圖，我覺得幸福多了，老人有很好的監視以及看護系統，也有好幾座「游泳池」供大家練習桌上式泳技，當然這是要付出代價的，每個月要花個三、四萬，還要好幾百萬元的保證金，相較於十年前的記憶，我想，我會多存一些錢到養生村過日子。

對於很多人來說，總是認為吃穿的不多，退休不過就是一口飯的錢，不會想到憑什麼退休，但是如果加入了生活看護甚至生病醫療費用，那就十分可觀。於是以前有一個朋友跟我說，只要一百萬元就可以退休，絕對不會要用到上千萬元，但是我奉勸他，如果不小心「中了」慢性病、癌症等，請他自行了斷，因為這些都不會在一百萬元的規劃範圍內。

至於勞退新制九十四年七月一日即將上路，勞工究竟應該選擇留在舊制，或適用新制，是勞工相當關切的問題，但如果是新制，又該選個人帳戶制，還是年金保險制，目前唯一可確定的是，如果你屆臨退休、不打算離職，且公司穩健經營，那一定要選舊制。

如果公司不會歇業、不打算遣散員工，而員工也確定會在此公司工作到退休，那勞退舊制能領取的勞退金一定會比新制多上許多；但新制就是給一些新加入職場、不確定自己會不會換工作、無法預測公司會不會資遣自己的勞工選擇，因為新制是累積帳戶制，無論換多少工作或失業在家，帳戶裡的資金都會跟著勞工到下一個工作繼續累積。

由於勞退新制即將上路，讓許多上班族以為靠著這筆退休金，就可以高枕無憂，但事實上，未來新制上路後，**選擇新制勞工除非到達六十歲的退休年齡，否則將不能領取退休金。滿六十歲且工作年資滿十五年以上只能領取月退金、不能一次領取；**

而十五年以下只能一次領取。所以勞退新制只能支付退休後所需生活資金的一半左右、甚至更少，這還不計算通膨侵蝕資產價值的影響。

因為醫療科技的進步，人類的平均壽命越來越長，退休金要六十歲才能領取，但是根據目前平均壽命都在八十幾歲的情況下分析，退休後可能還有二、三十年的日子要過，那麼這一大筆的費用該從哪裏來？到底要憑那些退休？

第一部分，我想很多人可以憑保險退休。基本上，退休佔有極重要的財務規劃地位，如果在年輕的時候，規畫適當的保險內容，因為隨著年紀增長，身體健康狀況會逐漸走下坡，如果有醫療及意外險的保障，就不會有龐大的醫護費用造成負擔，當然，如果行有餘力，找到具有年金險的保險，也可以作為每月領回的安養費用。

第二部分則是憑定期定額投資共同基金。由於籌措退休金，其實保險與共同基金就是大多數歐美國家的退休策略，國人過去都很認定公司會給付退休金，因此都不太注重這方面的理財，當然，有更多人認為，只要我年輕的時候海撈一票，就可以安穩退休，其實投資共同基金是一項長期投資，不受市場多空影響、採「市場中立」策略的共同基金，是籌措退休資金不可或缺的理財工具之一，如果距離退休還有一段時間，不妨用定期定額的方式進行。

在我認為，**全球股票型基金成爲最適合用來做退休規劃的基金類型之一**，根據理柏資訊統計，過去十年來股市歷經了榮景與衰退，但代表全球股市的MSCI世界指數十年原幣累積報酬率，仍高達一二〇・一三%，優於日經二二五指數下跌四二・八六%，與台灣加權股價指數下跌八・一五%，顯示全球化投資不僅可以掌握不同股市的獲利機會，同時更可以減緩單一股市下跌的風險，使得全球股票型基金深獲歐美等國家的認同，成為退休理財的主要工具。此外，以長期投資的趨勢而言，全球股市具有「上漲期間遠多於下跌期間」的優勢，使得全球股市在多數期間能夠提供不錯的投資回報。

根據MSCI世界指數統計，一九八三年以來迄二〇〇三年間共二十個年頭裡，全球股市僅有五次單年度出現負報酬，其餘的十五個年頭則為正值，且平均年化報酬率為九．〇二%，遠超過同期間日經二二五指數〇．三八%的年化報酬率，在在說明全球市場投資價值有增無減，在選股至上的年代裡，幅員廣大的全球投資標的也是最豐盈，因此最適合投資人作為退休理財的工具。

其實我以前一直強調，採用定期定額方式投資共同基金，並不代表買了一檔基金後，就坳一、二十年都不動，而是適時檢視基金投資組合內容、基金績效、市場前景，再根據個人理財目標的變化或是設定的獲利點進行機動調整，應該是較為積極的做法，最近市場有很多新的操作策略，例如有很多銀行或是投信網站開發的「自動警示功能」，設定報酬率，當設定的條件一達到，投信公司即可主動發出即時的電子郵件通知，十分簡便。也有投資人每當達到獲利點，就需進行獲利了結的動作，以確保戰果；還有策略是**高檔不扣款，低檔進行扣款**，也是必殺絕招，總之不能買了就棄之不理。

當然，年齡也是憑什麼退休的很重要參考依據，基本上，離退休年紀還早，更要積極操作，因為未來除了要顧及生活基本的保障，還要再提高生活品質，因此**資產除了必須「保本」之外，更要「增值」做起**，保本指的是同樣一筆錢，多年後仍保有和現在一樣的價值，所以，若要考慮通貨膨脹及利率水準等因素，就要趁早讓資產「增值」，趁早開始透過適合的理財工具，不再讓通貨膨脹侵蝕資產，趁年輕大幅提升資產的價值，才能無後顧之憂。

不過年過四十之後，因為事業不是由巔峰下滑，就是容易出現事業瓶頸，此時在規畫退休資金時，最重要的目的在於追求收益的穩定和資產的安全性，過去很人將資金轉往各種可以增加獲利的商品上，不過由於近來全球股市高低震盪劇烈，不少投資人都難逃虧損的命運。特別是全球經濟復甦力道溫和，利率仍處低檔，油價也偏高的情況下，預料未來幾年全球金融市場將呈現行情小、循環短的特性，而且預期投資報酬率將偏低，股債趨勢也不容易掌握，這時候，要籌措退休金就要選擇長期投資組合，同時需納入風險低、報酬穩定的商品，投資人的荷包才不至於越投資越少，不用再為資產的波動而感到不安，這也是退休金不能有一絲一毫風險的最高境界。

理財小密碼

- 定期定額投資共同基金，不能買了就棄之不理。
- 風險低、報酬穩定的商品，投資人的荷包才不至於越投資越少。

二、養兒養到老

以前的人總是說，養兒防老，現代人都不敢這樣的期待，因為總是不想讓孩子有壓力，不過更大的悲哀卻是養兒需要養到老。

我有一次坐上一部老伯伯的車，他的車開的極慢，我不是很開心，不過卻跟他拉開話匣，我問，老伯伯開車一定是殺時間吧，畢竟這個年紀，應該有人奉養，所以才會慢慢開，跟客人聊天。沒想到他說：日子苦啊，兒子、媳婦通通沒有工作，待在家裡，一家六口，全賴他開車來貼補家用，一個月賺個三萬元，簡直老骨頭都要散了。我打量他的年紀，少說六十歲，而且兒子都結婚有老婆，怎麼會連一份收入都沒有？老伯說：孩子沒有念什麼書，在工廠做了二年事，後來工廠倒了，到現在也兩年了，都找不到工作，連個兩、三萬的開車司機都找不到；媳婦大了肚子，也不好逼她找工作，加上小兒子跟小女兒都還在念書，他擔心，連孫子出生，還要他養。坐這趟計程車，我終於知道養兒養到老的悲哀。

根據內政部資料顯示，近十年來，台灣老年人口增加約四七%，幼童人數反而減少了一四%，如此一消一長，預計一九九三年台灣將正式邁入老年化社會，再者，若就扶養比來看，根據行政院經建會年初發表一份報告內容表示，以目前台灣老年人口佔總人口比例八•八%來計算，大約每八名青壯年撫養一名老人，不過，未來三十年內預計老年人口佔總人口比例將提高到一九•五%，屆時扶養比將變成每三名青壯年扶養一名老人，為日後政府財政和社會福利支出埋下一大隱憂。

此外，從家庭人口平均數變化也可知道，截至二〇〇一年平均每戶只剩三•五八人，顯示台灣的單身人口愈來愈多，養兒防老的時代已經不再，唯今之計，只有人人提早儲蓄，及早開始為自己的退休生活做準備。由現實面來說，養兒不能防老，靠自己，也是問題一大堆，大家都在說「勞保基金可能破產」、「退休要趁早，不然輪不到」、「壽險公司可能會倒閉」等，大家都有「臨老」恐慌神經，「退休」兩個字變得好沉重。

其實不久之前，才有立委指出勞保基金虧損累累，今年更出現近兩百億元短差，恐有提前破產之虞，這樣，還會有退休族會拿不到錢。壞消息還不只如此，隨著政府財政能力惡化，公務員人事費支出日益膨脹，考試院正在研擬「延退」辦法，延後公務員請領月退俸的年齡，也就是說，現在連退休都要抽籤排隊。

政府一方面哭窮，另一方面，又推出勞保新制，弄得大家又覺得出現一絲希望，如果比新舊制，很多人一頭霧水，不過，有一次，我跟一位政大教授仔細聊一下之後，他給我很好的比喻：他說舊制的退休制度，像是「掛在牆壁上的牛肉」，看的到，吃不到，但是新制的退休制度，像「大盤子裡的芝麻」，吃的到，卻一點感覺也沒有，於是大家最好自力救濟方式就是要靠各式各樣與退休理財規劃相關的金融商品。但是各種商品令人目不暇給，其中，又以長期耕耘老年退休族群的壽險公司，搶客戶動作最為積極，不過，受到低利率衝擊，壽險業面臨前所未有的寒冬，再加上日前財改會建議，保險給付取消全額免稅優惠，無異在業界投下一顆炸彈，壽險公司營運每下愈況，倒閉流言四起，萬一倒閉，起步連棺材本都沒了。

目前正是低利率、低成長、低通膨的三低時代，因此大家最重視的是保本，其次是報酬率，基本上，過去投資人將保險當作保本的時代已經逐漸改變中，挾著節稅優勢，在財政部開放投資型保單問世後，投資型保單已經成為投資人既可保本又可投資的多元商品，藉著保單與各種基金的連結，讓投資人不但可以獲得保險保障與節稅等雙重利多，還可從連結投資商品中獲得額外的報酬。

根據調查，從去年到現在，光是發行投資型保單，國內二十八家壽險公司中，就有二十家發行，響應極為熱烈。此外，變額年金壽險商品也狂賣，包括國泰人壽的六年期躉繳型創世紀變額萬能壽險、富邦銀行的吉利保本投資連結壽險、南山人壽伴我一生躉繳型變額壽險等，保守估計，今年以來至少賣了三百億元以上。

仔細比較觀察，不管銀行或壽險公司，所賣出的熱門退休規劃金融商品，大多具有長天期、低報酬率、低波動率的特性，這也是因為退休族的錢可不能投機，長期、保守累積財富，是一貫的主張。

其實現代人除了要學會精打細算，運用適當的投資理財工具之外，還必須有效管理財富，目前財政部已經通過信託業法，目前銀行也相繼推出財產信託業務，人有旦夕禍福，為了保障財富運用，信託將可按照個人財富運用目的進行財產整體規劃處理，諸如保險金信託，或者結合基金、保險以及信託的子女理財計劃，以及銀髮族的退休金信託等，均可事先規劃投資人的資金運用，以避免「錢到用時方恨少」的遺憾。

我就很贊成子女教育信託的方式，用信託來激勵孩子，當我們都已經上天堂的時候，都還會牽掛孩子，不過，留下大筆的錢，並不能幫助他們的生活，有一個新聞就是父母空難過世，很多親友都來爭奪孩子的撫養權，但是有一對子女自己繼承但是沒幾年之後，就因為吸毒、放縱過生活，結果家財散盡。如果靠著子女信託，當子女達到一個目標之後，就會得到部分的財產，我覺得是很好的方式，但是要記住，如果你的晚年都已經不保，絕對不會有錢留給孩子。

理財小密碼

- 面對低利率、低成長、低通膨的時代，要最重視保本。
- 要切記，如果你的晚年都不保，絕對不會有錢留給兒子。

三、退休靠自己

俗話說，靠山山倒，靠人人老，你的晚年要怎樣過，還是要靠自己！很多人都說退休金需要五百萬元、一千萬、二千萬元甚至更高，這些費用如果不是靠自己，子女根本也不可能幫你出。

退休準備很重要，但是需要多少錢，要做怎樣的規劃，每個人不盡相同，因此在面對退休問題時候，第一件事就是了解自己。基本上，各人需求不同，想要過的生活方式都不相同，因此自然牽涉到退休金準備的多寡。所以自己常常需要問自己：退休之後，你要過什麼樣的生活？假設你習慣坐商務艙、至少住四星級飯店，請不要天真地以為自己退休後可以粗衣淡食。

接下來，就要拿出紙筆，列出手上現有的退休後資源，包括政府勞退基金、公司退休金、保險金給付、子女奉養等，在計算時最好以較保守的態度計算，例如公司是不是會給付大筆的退休金，子女奉養也不要算得太多，否則都是「希望越大、失望越大」，當然經過初算之後，可以了解自己大概擁有多少退休金之後，還可以算出來距離自己的退休基金目標還差多少。

之後，就要開始估算還有多久退休，需要多少時間來準備。退休資金準備跟時間有很大的關聯，假設離退休還有十年以上，甚至更長的時間，應該以增值潛力較大的股票資產為主，不要只因為最近幾年市場震盪比較大，就決定把資金都移轉到固定收益型的產品上，一但需要準備的退休基金無法在計畫退休的時間點達成目標，那就必須考慮延後退休。

準備退休金，一定要了解市場的無情與現實，就像提退休時間只有三、五年，那麼，必須要做完全沒有風險的投資，否則可能會把老本賠掉，即使把所有的資金都以現金方式持有，也會有風險，因為一旦通膨上攀、利率下走，可能會有倒蝕本金的問題，這就是現在市場上說負利率時代的風險。

放眼國外的退休金策略，在有關老年退休規劃，幾乎都是靠強迫儲蓄以及複利累積效應，只有少數福利國家可以靠政府的退休金安養餘年，以國內的勞退新制將在七月上路來說，民眾將來可享有退休金保障，不過，別以為新制退休金提撥制度，可以讓年老的退休生活高枕無憂，退休基金協會理事長符寶玲自己就說，以新制退休金每年約五％的報酬率計算，未來每月可領退休金的金額只有退休前最後三年平均月薪的三分之二，民眾必須要自己增加提存或靠投資才能享受優質的退休生活。

如果以現階段的四、五、六年級生來說，對於退休規劃就會有不同層面的考量，基本來說，四年級生的資產配置，最好保守；五年級生要求穩健；六年級生則是要積極，退休規劃愈早愈好，可以享受複利效應，安心過退休生活；當然七年級生，第一份薪水就考慮未來退休生活規劃，我覺得是絕佳的生活方式。

四年級生重保守

如果六十五歲退休是一個目標，四年級生還要十年才能退休，這年級的人雖然是最主要的退休規劃主力，但是同時也是高失業族群，特別是現在的就業市場上，中高階主管的職位最容易發生變化。我有一位在外商工作的朋友，第一份工作的時候，在辦公室裡，擺滿了水晶、玩偶、等等個人收藏……後來連續換了幾個工作，雖然一樣有一個獨立的辦公室，但是裡面空空蕩蕩，他說「不知道什麼時候會滾蛋，還是簡單一點好打包」，這樣的心情正是四年級生最痛苦的退休規劃，因此，我認為，儘管四年級生已經有相當的社經地位，對於退休的投資最好保守應對，年金險就是一個不錯的選擇。

基本上，只要是五十歲之後，做退休規劃的人沒有犯錯的權利，因此四年級的人，必須選擇風險較小的理財工具，例如債券基金、連動式債券、年金型儲蓄壽險、保本基金等，比較安全。

四年級生這個時候，最好不要輕易進行新投資，尤其不能再進行風險投資，債券型基金平衡收益較定存來得高，資金調度較定存靈活，收益又屬資本利得不需課稅，目前許多債券基金獲得信用保證評等，相較之下投資人也多了一份保障。

五年級生要求穩健

至於五年級生距離退休還有二十年以上時間，因此五年級生還有本錢可以大膽投資，如果依我來說，不妨以少部份積極，搭配穩健的工具來做退休規劃，像有些投資型的債券基金，進可攻退可守，原則上，就是把把二分之一的資產放在固定收益的保本型商品，這部份是不能有任何損失的，至於二分之一放在具前瞻性的新興產業，有些人會考慮生物科技，有的會選擇新興市場的基金作投資，都是不錯的選擇。

五年級生，還有一個很大的盲點，那就是全部在拼五子登科的到來，於是房子越換越大，車子越換越貴，於是所有的資金，也就是身家財產都押在房子上面，根本沒有閒錢可以做任何的規劃，於是開始陷入擔心的狀況。其實人一輩子大約有三次的換屋需求，一開始買小的房子，孩子長大之後，要換大一點的房子，老年的空巢期，又需要把房子換小，考慮有電梯、有良好的管理，甚至靠近公園、醫院等等，當房屋買的好的時候，在大換小的關鍵上，就可以節餘很多錢，這也是很重要的退休金籌措管道。我有一個朋友，就在六十大壽的那一天，把位於天母的房子賣掉，決定移居到花蓮生活，跟我炫耀說「你一直推廣的三千萬元退休金，我賣個房子就有了」，當然不是每個人都會在天母有房子，不過這樣不太花腦細胞的籌措退休金方式，我覺得很好。當然，花蓮除了好山好水之外，生活費也低，我的另一位好友《30雜誌》的總編輯游常山還說要去第三世界退休，生活需求更低。

六年級生積極規劃

對於六年級生來說，退休好像距離頗為遙遠，大概還要三、四十年，其實以現實的環境來說，一點也不嫌早，六年級生應該積極規劃，同時儘早了解各種金融商品，例如買股票、基金甚至是外匯市場，都可以踴躍嘗試。基本上，六年級生剛入社會不久，大部份收入不高，不妨買共同基金或股市投資，要先積極累積財富，才有機會創造財富，對於這個時候來規劃退休，不但有機會快速累積資本，也有本錢以失敗來換取經驗。

至於到底要存多少錢，才夠退休生活使用呢？如果作大幅度的問卷調查或是詢問專家，大概都會建議退休資金最少需要二千萬以上，如果以六十歲退休，活到八十歲，每年退休金的投資報酬率平均八％來推算，如果一個現齡二十歲的民眾，平均每個月可以規劃出二萬元來做綜合投資（保險或其他理財方式），綜合投資的平均報酬每年以八％預估，到了六十歲，就可以累積約二千四百萬的退休金。

但是如果一位現齡已經四十歲的民眾，每個月雖然也規劃二萬元來做理財，一樣也是計畫六十歲退休，活到八十歲，綜合投資的平均報酬率也是以每年八％估算，到了六十歲，這名民眾卻只能累積約九百萬的退休金，兩相比較，你就知道時間的差距有多大。

由於目前銀行利率對於退休準備的增值效果有限，建議除了透過保險及早做好儲蓄規劃的準備之外，最好能透過基金定期定額的方式，以股市平均每年約十二％十五％的報酬率，以錢滾錢的複利的效果，以期提早達到退休所需資金，這個時候，就是利用時間來賺取金錢，適合六、七年級生來做規劃。

大家都知道光陰似箭、一去不返，時間會增加臉上的皺紋，當然也會增加你的口袋，假設你現在是三十五歲，計畫六十歲時退休，你可能覺得相對於二十五年這麼長的時間，一年算不上什麼，不如明年再開始就好了。但是如果稍微算一下，利用時間衍生價值的定期定額投資，差一年可以差多少嗎？

以每個月投資五千元來看，如果在三十五歲時即刻執行退休基金的累積計畫，投資在年平均報酬率八%的基金上，二十五年後可以累積到四百七十八萬元，就算只延一年到三十六歲開始動手，二十四年後結算的總資產是四百三十六萬元，兩者之間相差了四十二萬元。可以想見，假如每個月投資的金額更多，或基金的報酬率更高，總資產的差距勢必就更大了。

基本上，任何工具都有風險，差別於大小而已，但是為了讓自己**擁有一個無負擔的未來，提早動手做規劃，才是最聰明的解決方案**，起碼年輕的時候經得起失敗。老年的時候，一點風險也承擔不起，而且投資局勢詭譎多變，累積經驗，才是致勝的一大關鍵。

整體來說，準備退休金有三大思考方向：首先，確定自己退休的生活模式，如果目前的經濟情況無法達到未來想要得到退休金的目標金額，就必須降低自己的退休生活品質標準，因為任意的增大金額的投資，風險更高，損失的機會其實是大增的，要實際的思考自己的情況才是上上策。其次，除了退休每月生活費外，還要去考慮風險保障費用，例如重大疾病、住院甚至失能等，才能夠有很好的保障，最後，就是思考財富傳承，也就是需要留下財產給親人。

理財小密碼

- 退休金的準備，就一定要了解市場的現實與無情。
- 四年級生：資產配置保守。
- 五年級生：退休理財要求穩健。
- 六年級生：積極理財，退休越早規劃越好。
- 七年級生：第一份薪水就考慮退休生活規劃。
- 準備退休金有三大思考方向：1.確定退休的生活模式。2.考慮風險保障費用。3.思考財富傳承。

四、三老跟三靠

想到退休，大家都會關心要多少錢才可以退休？其實除了錢之外，還有三老跟三靠，少了這兩樣，即使有了錢，卻也沒有快樂起來的理由。

有一次，一本週刊做了一個封面故事，斗大的標題就是「四、五年級，你憑什麼退休」，其中破題道出，如果現在不趕快規劃退休，以後就要去龍山寺排隊搶位子，去過龍山寺拜拜的人都知道，那裡的流浪漢最多。

於是在報導中，我發現文中提到的**老本、老友以及老伴是最重要的退休依據**，當然，**老本就是指退休金**，老本千萬不要動搖，去年一位令人懷念的烹飪大師傅培梅過世，認識她的人就說，她最大的敗筆就是把老本不斷的借給兒子，最後晚景淒涼，其實老本絕對不能有任何的損失，如果我存夠老本，我就要去找一間環境優美的養老院，然後把老本交付信託，受托的銀行每月幫我向養老中心繳費，免的我年紀大的時候，還要記密碼、找圖章、自己跑銀行繳錢。

老友也是很重要的資產，如果年紀大的時候，有三五好友可以聊天、聚會，甚至出國旅行，真是太幸福的事，尤其年紀大的人聚集在一起，有共同的話題，有共同經歷的生活空間，有共同的思想觀念，很容易溝通，我以前就因為花好大的力氣跟一位七年級生解釋崔愛蓮是崔苔菁的妹妹，崔苔菁當年有風光等等，七年級的新記者瞪大眼睛，問我「比阿妹還紅嗎？」我就說差不多是這樣，這樣的交談是沒有交集的，更不會有火花，如果退休之後，每天在家裡期待跟兒子、女兒、媳婦甚至兒孫交談，我想興致應該不大，不如交幾個老朋友，一起大唱老黑爵！

其實老伴是最重要的退休資產，不過，我把老伴擺在最後一個，實在是因為夫妻難得同生共死，難免有人先離開。過去歐美的統計，把中老年喪偶，列入人生最大的憂鬱指數，夫妻難以齊頭到老，的確是很大的遺憾，所以有老伴的時候，要多加珍惜。我喜歡去夏威夷度假的原因，並不是海灘上的比基尼辣妹，而是沙灘上，身體臃腫、滿臉皺紋，胸部已經下垂到膝蓋的老夫老妻，他們攜手漫步，那情景，總是讓我感動，後來問了當地人才知道，夏威夷是很多外地人度假勝地；不過美國夫妻都是退休之後，有一筆錢才會計劃去夏威夷度假。

除了三老之外，還要三靠，靠人、靠錢、靠守，退休之後，人脈的經營更重要，有的人希望延後退休，就是希望把人脈傳承給孩子，同時有了人脈，就會有錢脈，之後，就是要靠守，因為退休金不能有風險，一定要守得住，才存得下來。

過去常聽老人家說，人在人情在，人走茶涼，就是說人情世故的無情。因此儘管退下職場，也要經營人脈，我之前提過當顧問、智庫，持續的將經驗傳承給下一代就是一個很好的管道。

有一次一〇四人力銀行的董事長楊基寬來上我的節目，我們談到退休除了要在銀行有足夠的存款外，還要有「體力存款」、「興趣存款」、「經驗存款」，才能夠應付退休後的新生活，畢竟退休不是純休息，如果沒體力與興趣，很快就會成為老年癡呆症或是憂鬱症的老人。

楊基寬認為人生職場分為幾個階段，廿五到卅五歲這段期間，年輕人車子也要、房子也要，所以會問自己「錢在哪裡？」到了卅五歲之後，發現錢不好賺，只好問：「勝利在哪裡？」希望透過創業等方式為自己找到勝利，快速賺錢，但常因為過度投入，所以把體力都耗盡。過了四十五歲之後，才發現勝利不等於生命，開始問自己：「人生在哪裡？」在這之前如果不先好好規劃，退休後就會找不到重心。

我覺得他的話很重要，因為男人在職場征戰，當退休之後，就像一隻戰敗的鬥雞，回到家中，看誰都不順眼，很難跟人相處；有的女性因為長期沒有工作，跟社會脫節，於是等到家庭義務完成之後，自己已經可以退休了，卻還要做家事，然後再埋怨媳婦不自愛、不做家事等等，使得家庭生活並不快樂。

如果可以找到自己的興趣，例如現在有很多老人大學、社區大學，我曾去演講過，覺得老爺爺、老奶奶都好可愛，他們樂在學習，同時盡情享受自己的興趣，有的人唸英文，有的畫國畫，假日還相約去圓山吃早餐，日子就過得十分的充實、有趣。

這也就證實，老年生活中「體力存款」的重要性，至於「經驗存款」可以當顧問，作一個退而不休的人，我覺得這是很好的方式。其實退休不是把所有生活結束掉，只是作一些沒有壓力的工作，我就很喜歡作一個退而不休的人，至於「興趣存款」，就是發掘生活的樂趣，有了興趣及經驗，退休生活才有重心，但如果沒有體力，也很難發揮經驗與興趣。畢竟，「休息」不是退休生活的全部。

理財小密碼

- 三老：老本、老友、老伴
- 三靠：靠人、靠錢、靠守
- 注意老年生活中「體力存款的重要性」、作一個退而不休的人。
- 發掘生活的樂趣，有了興趣及經驗，退休生活才有重心。

五、子女的財產信託

理財有三個目標，第一個當然是改善生活品質，第二就是財富傳承，第三則是回饋社會。其中財富傳承最難拿捏，不過現在推出的子女教育以及財產信託制度，我覺得是很好的規劃方式。

很多人都以為，把錢或是事業留給孩子，那就是財富傳承，結果如何？也只能聽天由命，有的孩子能夠發揚光大，也有不少孩子是把家產散盡，如果這樣，父母親在天堂也不會放心。

其實，我建議已經在規劃退休後晚年生活的父母，也要將孩子的財產信託做一個規劃，這樣才可以過一個無憂無慮的晚年。

只是談到信託，許多人的直覺反應是——我需要嗎？那不是有錢人才該傷腦筋？其實一般家庭都需要善用信託，這樣才能確實執行相關財務規劃。

為什麼家庭需要財產信託？舉個例子好了，如果小孩子跟父母要求買一台摩托車，很多父母大概不會拒絕，不過如果財產交付信託，那麼受託人就會嚴格的審查，受益人〈孩子〉是不是有駕照，孩子的脾氣是不是很穩定，會不會去飆車？如果受託人發現孩子的脾氣不穩定，也許就會駁回申請。我記得以前聽過一個真實的案例，一位有錢人家庭，十八歲就送獨生子一台蓮花跑車，一台車將近五百萬，以為高價就是保障，沒想到孩子隨便飆車，在高速公路出了大車禍，車子可以修復，但是壓在裡面的兒子已經沒有生命跡象，這是何等悲切的事實。

目前台灣的出生率屢創新低，大家都生的少，尤其獨生子、獨生女更多，很多父母對家中的寶貝自然是傾其所有、疼愛有加，捨不得孩子吃一丁點的苦，我想全天下的父母都想幫子女做好一生的規劃，希望能照顧子女一輩子。

儘管父母對子女的愛是全心全意、不求回報的，但是我還是要提醒父母：先準備好自己的退休金，行有餘力再幫子女做規劃。以我來說，就一直提倡「破產上天堂」的構想，只要把孩子的信託做好，我就要花光這一輩子的錢，快樂的破產上天堂，其中的關鍵就是透過信託將要給予子女的錢，在特定的時機給予，才能獲得最大的效益，這樣，我們為人父母在晚年，才會很快樂的過日子。

天下父母心，上一代辛苦打拚所累積的財富，總希望能留給下一代或是下下一代，但下一代是否能夠持盈保泰，得到上一輩的庇蔭而從此過著無憂無慮的生活？其實沒有人可以保證，但是如果透過信託的規劃，來完成這樣的心願，是比較理性而且可行的。

目前市面上已經有孩子的教育信託、財產信託等規劃產品，每一個孩子都是父母心中永遠的寶貝，打從一出世開始，每個爸爸媽媽無不想給小孩一個良好的成長環境，總希望自己的孩子能夠贏在起跑點上，所以會盡一切所能，給予最好的教育，以增加他們往後競爭的本錢。

於是上一代辛苦打拚所累積的財富，都希望能完整地留給下一代，不過在傳承的過程當中還是需要支付大筆稅金，完稅之後剩下的部分才由下一代繼承，但是人生風險還是很多，特別是現在社會中，詐騙處處存在，稍一不慎，就會被騙走錢，我的一位好友，只存了一百萬元，準備移民到澳洲，偏偏在前一晚上，被詐騙集團騙走三十萬元，隔天，哭倒在中正機場，她也算是職業婦女，有所見識，但是還是脫離不了詐騙集團的利誘。未來你的子女會不會遇人不淑？會不會碰上詐騙集團，還是一時心軟替人作保導致一無所有？甚至會不會投資失利等等，都不是為人父母者所能預知的，如果可以透過信託的規劃，來避開這種不確定性，讓父母的愛以及財產都能夠圓滿順利地交給子女，這才是最好的財富傳承管道。

除了很多的獨生子、獨生女之外，還有很多單親家庭，很多單親家庭的父母一方，生活的壓力大、心理的壓力更大，他們不但要賺錢，還得時時提醒自己凡事小心，深怕萬一發生意外事故，根本沒有人可以接手，留下孩子的生活照顧問題該如何處理？尤其是世風日下，又找不到有時間、有意願、有能力且值得信賴的親友協助。之前就有兄弟爆料說親伯父為了貪圖遺產，說是要照顧兩兄弟，結果逼迫兩兄弟輟學打工，還吃不飽，伯父則是換了大房子享受，後來兄弟兩人捧著父母親的結婚照出走，其實在社會的陰暗角落，這樣悲慘且真實的事情還會上演。

目前市面上的信託種類很多，我想大家要先認同信託的本質，再找到適合的產品來做信託，基本上，找大型的金控公司都有這樣的產品以及服務。

一、保險金信託

基本上，單親家庭可以購買以子女為受益人之保單，只要到銀行辦理保險金信託就好，保險金信託係以保險金受益人（即子女）為委託人與銀行簽訂保險金信託契約。倘若受託的父母親一方在約定契約期間（例如兒女滿二十或是二十五歲）內身故，則保險金將直接撥入銀行信託專戶，由銀行依約定方式管理並定期給付子女生活費及教育金等，直到小孩長大契約終止時，再將剩餘財產一次全部返還予子女。

這個方案的好處是成本最低，因為單親家庭的生活通常比較緊，其實單親家庭，不需要過度的迷信應該留多少錢給孩子，反而是趁年輕的時候，買一份醫療保險給孩子，讓他一輩子有醫療給付以及保障，至於保險金信託也只是受託人在約定期間內均未發生保險事故，等於只花了一點點的簽約費（大約三、五千元，甚至更低），就為保險多加一層保障，也為自己買了一份安心，讓自己不要時時處在一個高度焦慮的氛圍中。

二、子女教育及創業信託

通常父母自己就是委託人，子女為受益人，成立子女教育及創業信託，是最普遍的規劃方式。這類型信託於信託成立時須考量贈與稅問題，因此，通常會考量父母的財務計劃、信託目的、金額及期間等因素，利用「本金自益且孳息他益」、「本金他益且孳息自益」、「部份自益且部份他益」或「分年贈與」等技巧，來配合進行贈與稅的節稅規劃。

運用子女教育以及創業信託，其實就是父母親把錢給孩子，但是是透過一種更有規劃的方式來給予，通常這樣也比較能夠激勵孩子，是很實質的鼓勵。其實父母可以將自己的心願與銀行協議信託財產的管理運用及未來信託期間給付方式，其中，信託財產管理方面，原則上還是有理財專員會提供建議，但是一般都是以保守穩健為宜，規劃方式是運用保險工具兼顧保障效果。

在信託期間給付方面，大致都是可約定給付生活費、教育費、醫療費、獎學金、工作獎勵金、結婚金、購屋金等，利用條件式給付引導子女努力唸書及工作，例如孩子找到工作的時候，提供獎勵金；或是孩子生小孩之後，也提供教育準備金等等，甚至還可透過保留變更受益人方式，兼顧自己的退休安養等目的。透過這樣的規劃，一方面財產保護、資產移轉節稅，不必擔心自己走得太早時，子女的財產管理及經濟等問題，也可避免子女不當揮霍贈與的財產，鼓勵子女努力向學及工作。

三、遺囑信託

現代人觀念開通，除了子女財富交付信託之外，自己也可以事先規劃遺囑，寫明若自己身故時，子女未滿二十歲，則須將某部份遺產交付指定之受託銀行成立信託以保護子女權益，並列明重要之信託事項，依民法之遺囑訂定方式成立遺囑，這樣，就可以避免有親友想要以照顧孩子的名義來貪圖遺產。

基本上，這些方案就是讓信託機制預作一個有系統的安排，當意外或特殊情事發生時，由受託人依信託約定來協助管理財產，並提供生活經濟來源，如此，將可有效保障子女的權益，也讓單親父母可以放下心中的擔子，其實除了單親家庭之外，有殘障者之家庭甚至一般的雙親家庭也都相當適用。

瞭解了信託的功能及好處，接下來就要選擇值得託付的受託人以及機構，其實，依信託法之規定，自然人或法人均可擔任受託人，但自然人就是指一般人，與自己一樣有生、老、病、死的問題，一樣會碰到問題，因此我建議選擇法人，也就是以受信託業法及政府管理的信託業。

目前國內的信託業者幾乎全數為銀行，也就是金控公司為主體，目前信託制度在國內還算是新產業，因此各金控銀行的信託服務能力、實務經驗、信託管理與給付約定彈性等差異仍大，所以**消費者應選擇信評以及專業度高同時具有實務經驗豐富且服務佳的銀行，才能享受最完善的信託服務**。

信託在國內還算新鮮，在國外相當盛行，其實信託是一種為他人利益管理財產的制度，國內一直到最近三年來才開始發展，如果現在就注意到這個趨勢，就會發現財富傳承的動作簡單而且輕鬆多了。

理財小密碼

- 讓父母的愛以及財產都能順利圓滿地交給子女，這才是最好的財富傳承管道。
- 子女教育以及財產信託制度，是財富傳承很好的規劃方式。

六、分紅保單列入退休規劃

現在的保險商品，粗分為分紅保單、不分紅保單以及投資型保單，很多人說，以退休規劃來說，分紅保單是比較適合的，至於投資型保單最不適合，的確是這樣，不過如果距離退休年還早，投資型保單就是很好的退休規劃產品，其實任何商品都有優劣，不是產品本身好壞，而是要選擇是否適合。

由於目前升息趨勢底定，因此有浮動利率概念的固定收益商品在未來較能受惠，分紅保單就是這樣的產品；反觀不分紅保單，雖然保費可能較低，但因客戶無法適時享受利率反轉時的利差所得，所以這個時候選擇分紅保單的利基比較大。

其實**分紅保單的投資報酬率可能較投資型保單還要來得低，不過卻可以提供保**

戶投資、保險、還本保障三大功能，因此適合穩健保守型的保戶，對於四十歲之後要作退休規劃來說，就是一個很好的商品。但是四十歲之後，並不適合把投資型保單當成是退休商品。

很多保戶選擇購買保單時，幾乎都喜歡選擇附加價值高的產品，也因此，兩年前投資型保單出來後，馬上受到一窩風的效應，因為只要那家保險公司訴求的投資報酬率越高，越受到歡迎，其實投資型保單訴求的報酬率，並非人人可以達成，最重要的是定期檢視保單，一旦投資部分失利，投資人要負全部的責任。

至於分紅保單就是重視分紅功能，這部分因為取決於保險公司的投資經營能力，投資人在選擇時，可以先瞭解清楚保險公司過去的績效，以作為判斷標準。至於保險部分，目前市面上各家的保單，除了附加功能以外，還有終身養老的差異性，保戶可依自己的需要作選擇。

最後是還本保障的部分，由於分紅保單的保費比不分紅稍高一些，對保守型的投資人來說，這個功能特別重要。因為分紅保單雖以每年分紅為訴求，但只要投資不利，公司沒賺錢，則保戶當年度可能一毛錢也分不到，此時如果有還本的功能，至少還可以固定拿回本金，降低損失。

現階段由於預期市場利率回升，使得分紅保單強調資產不會縮水，又可享投資獲利的分紅保單成為市場的新寵兒，目前市場上有九家壽險公司共推出十一張分紅保單，該怎麼選除了先釐清自己的需求外，在購買分紅保單前，最好先檢視公司的經營績效。

壽險公司經營績效怎麼看，除了觀察壽險公司的財務面以外，還要檢視業務面。

就財務面來看，一般投資大眾可以先檢視壽險公司近五年的財務報表來評斷經營績效，基本上，只要有兩年以上虧損的就先剔除，更嚴格保守的人應該是三年虧損的就不考慮，因為分紅保單商品，保戶未來可以分到的紅利，完全要看壽險公司獲利，這就像我們在挑選績優股一樣，由財務面就可以看出端倪。原則上，壽險公司賺越多，保戶分紅愈多，如果不幸這家公司虧錢，保戶也就沒紅利可分。

至於業務面，就像是公司的前景評估，壽險公司的成長性及前瞻性就是考量買分紅保單的重點。基本上，由壽險公司的初年度保費收入成長性，即可看出一家公司的成長性。如果總保費收入多，但是初年度保費收入卻缺乏成長性，就顯示這家壽險公司的業務萎縮，成長性有限。通常規模較大的壽險公司，就更有機會將分紅保單的投資規模做大，在達到一定的規模經濟後，獲利的機會也跟著增加。

投資型保單如果選擇投資標的發生虧損，則擬投資的金額可能出現負數，但是分紅保單有保證資產不縮水的特質，較適合追求穩健的保戶，也是我認為比較適合退休規劃的穩健產品，但是大家一定要有基本的認識，那就是分紅保單並不保證保戶一定可分到紅利，只是不會產生虧損而已。

至於分紅保單的紅利如何分配，分配多寡，其實主要是看壽險公司該張分紅保單的盈餘，紅利分配權可達盈餘七十％。因此，當利率回升的時候，壽險公司的投資獲利機會增加，保戶可分得的紅利也就更多，尤其分紅保單在繳款屆滿後，還可以繼續分紅，也就是保戶活得越久，就可以領的愈多，也因此，分紅保單的保費通常也比一般的不分紅保單貴一至兩成。

值得注意的是，分紅保單的保戶，因為第一年及第二年繳交的保費必須用來支付公司管銷費用及壽險業務員的佣金，所以分紅保單的分紅日，設定在保單屆滿二周年時才發放，這點保戶必須先了解。過去投資型保單也有發生糾紛，因為投資型保單第一年並沒有投資，因此很多人以為自己連結的標的大賺錢，結果發現根本沒有投資，也產生很多糾紛。

因為分紅保單具有免投資風險、可你避通貨膨脹的作用，因此許多壽險專家都認同把這項產品當成退休的規劃。

根據調查，退休後的生活費至少要有退休前薪資的六至七成才算適當，如OECD等已開發國家，其所得替代率最高為八〇％，最低也有五〇％，平均在六〇％

到七〇%之間。替代率就是說，以前有收入時候，需要的花費，在退休之後，很多不必要的開銷就會減少，例如計程車費、應酬交際費、治裝費等，都會降低，預期大約降低三至四成，也就是現在如果一個月生活花費三萬元的人，退休後至少每個月必須拿到一萬八千元到二萬一千元，才足夠維持一貫品質的退休生活。

退休理財必須是長期而且穩定的累積資金，過程中必須兼顧最低風險及穩定獲利，同時越早規劃，才足以累積足額的退休金。如果從投資彈性、獲利能力、風險程度等指標來分析，股票、投資型保單、不分紅養老險、銀行定存都是偏中短期性的投資，分紅保單、不分紅養老險及債券型基金則適合做為中長期的規劃，其中分紅保單及不分紅養老險可定期定額，也無投資風險，又可確定保本兼有穩定收益。

但不分紅養老險無法反映金融市場與景氣的變動，也就是說保戶是固定繳一定金額的保費，未來也是領預期中的生存保險金；但還本型分紅保單因為每年至少有七〇%的分紅回饋，可隨著壽險公司經營獲利增加而獲取更多的紅利，保戶投保分紅保單等於買一張績優壽險股票，同時還能分享利潤。

理財小密碼

• 任何商品都有優劣，不是產品本身的好壞，而是要選擇是否適合。

• 分紅保單具有免投資風險、可規避通貨膨脹作用，專家都認同把這項產品當成退休的規劃。

七、養五個兒子來退休

過去，我一直思考，我要多少錢來退休，二千萬還是三千萬元？因為我希望，老年的生活當中，可以很有錢，不要依賴兒子供應吃穿，負責一切起居照顧，後來發現，現在要存個幾千萬元，還真不容易，尤其，這個時候更不能把老伴給忽略掉，所以一切的花費都要 **DOUBLE**，這樣計算下來的退休金，真是龐大的嚇人。

所以，我最近又改變觀念了，決定養五個兒子來退休，當然，我只有兩個孩子，現在再生三個，也生不出來了，我的五個兒子要怎樣來養？

第一個兒子，我希望他看我的臉色，而不是我伸手跟他要錢，還要看他的臉色，他最好按月給我錢，否則，我就去法院告他，有了他，我就「月月安」，保證每個月都有生活費，這個兒子，其實就是一間房子，我能夠出租出去，每月按時領房租。

我有很多的老年朋友，他們都有這種暱稱「啞巴」兒子或是「乾兒子」，其實都是指退休俸，現代人要領退休俸，除非是軍公教人員，不然就要買一個房子來收房租，這個兒子比親兒子更準時把錢案月奉上。

以前，老公總想「三宅一生」，他不是想日本的超級名牌衣服，而是想擁有三個房子過一生，除了我們兩老，兩個孩子也都計劃進去，我就勸他，兒孫自有兒孫福，與其三宅一生，還不如趁現在趕挑一個「乾兒子」來買，畢竟這才是長久之計，各位親兒子就別吃味了！

第二個兒子，我想要有一個鋼鐵般堅強的兒子，這個兒子的名子叫中鋼，雖然現在老是有人叫他改名字，希望它改成台鋼，我買了他，就掛在我名下，跟我姓，中間的名子，隨便他改囉。我覺得中鋼是個好兒子，每年都會配現金股息二塊錢，不管景不景氣，他也不會叫窮，起碼過去十年來，他的模範形象都很好，靠他養，他一定可以撐過我的晚年生活。

好友顧素華，他也是市場上的「債券天后」，她說，老年人都很無聊，也沒名片，好像沒有社會地位，所以如果投資中鋼的股東，就可以印名片寫「中鋼股東」，持股五年要記得幫自己升官到「中鋼資深股東」，持股十年以上要寫「中鋼常駐股東」，然後如果有機會每年股東會去會場罵罵兒子，更是人生一大樂事，我覺得是個很好的建議。

第三個兒子，我希望他能夠常常跟我說說話，最好每天打一百通電話給我，把電話講到燒掉，我都不怕，只要兒子有收入就好，這個兒子最好是中華電信，大家喜歡打電話，我就希望打的越多，兒子賺的越多，兒子就會把錢分給我這個老娘。

現代人，已經很少寫信了，很多親兒子都變成忙碌的路人甲，根本沒有時間跟爸媽說話，我真的希望大家多跟爸媽說說話，因為老年人的時間多到可怕，多到心慌，如果真的沒時間，開車的時候、出差的空檔、燭光晚餐之後，抽個空打電話給爸媽，他們真的很開心，因為一次付費，雙重享受，有兒子親切的問候，還有中華電信的收入，讓每年的配息很充足，身為父母，一定開心的不得了。

第四個兒子，我還在尋尋覓覓，因為還不知道哪一個比較孝順，需要時間考驗一下，有人說，銀行是金飯碗，叫我選金光閃閃的金控股當兒子，如果我有幸擁有「宏圖大展」這個兒子，我想他的孝順有目可睹，如果選「阿忠、阿興」兩兄弟的公司也不錯，畢竟兄弟同心，其利斷金，為人父母最喜歡兄友弟恭，這兩個兒子我都喜歡。不過「歹子」我也沒有放棄，最近一個人人看衰的歹子叫「阿達」，我總覺得他不會ㄚ達太久，畢竟當年他也是叱煞風雲的猛虎，我還在期待猛虎甦醒，畢竟，養兒子是看以後，不看過去。

第五個兒子，也就是么兒子，我有私心，一定就是我的最愛，這個兒子可愛到極點，而且是人見人愛，越大越可愛，女人更愛，那就是鑽石，哈哈，有了么兒子，國稅局不會查我的稅，而且只要兒子有附保證書，全世界可以交易洗錢，到時候，不管是要環遊世界還是要逃難，我想鑽石都比黃金好，當然，有人說美國的三十年政府公債更好，薄薄一張紙就是一百萬美金，三千五百萬元的台幣，可是，我我我，比較愛美，鑽石還是我的最愛！

如果大家看不懂我的兒子理論，其實，我是在談一些股票的長期投資價值，以上頁表中的數字來說，若以八十七年底收盤買進至今，除了中華電信還在套牢外（套牢幅度也不深），其他個股都是屬於正報酬，且平均五年的配息率都在四成以上。中鋼有大陸市場支撐鋼價的情況下，多頭市場的時間可以說是空前，因此鋼鐵的行情不至於會出現激烈反轉，因為不止大陸，連俄羅斯、東歐、北美等國仍有缺料，這就足以支持鋼市維持榮面。中鋼在今年預估可達到六五〇億元左右。明年更有達到七百六十四億元、超越六元以上的實力。

中華電信今年前三季每股稅後純益四•〇九元，年度目標達成率高達九四%已具調高財測，今年要賺五元以上不是問題。另外，中華電信將在海外釋股，此舉又可降低對股價的衝擊。最近三年每股現金股利高達十二元，被視為定存概念股，配息率都在九成以上。以電信業屬成熟產業的情況下，獲利不至於出現暴起暴落，獲利相當穩定。

台塑集團向來都採高配息政策，對投資人有利，比起銀行定存才二%、三%的低利率，台塑這三寶配息可比起銀行定存利率要好，雖說沒有像王永慶講的逾八%，但在三%以上不困難。（因王董沒有時常更新股息殖利率）。近五年台塑企業股利政策，九十二年度現金股利依台塑、南亞、台化、台塑石化四家公司，每股分別發放一・八元、一・八元、二・四元、一・八元，是近年最高水準，前四年最少每股也有發〇・六元。

今年石化景氣看好，台塑集團全年獲利上看一千六百億元，創史上新高，最新出爐的十一月營收亦維持高檔。台塑集團的垂直整合能力相當驚人，獲利相當穩定，除了配息之外，還有配股，是真正的退休概念股。我老媽在萬點買進南亞套牢，一直擺到現在，不賠反賺；反觀聯電、台積電，賠了一屁股，電子股是真的不適合長放，因為現在在還沒有殺手級的產品出來之前，電子產業的產業週期都相當短，更遑論要回本，除了新的電子股—面板。另外，由於電子股的市值不斷萎縮，能墊高指數的影響力也不若八十九年時萬點行情要來得好，加上多數次產業也慢慢走向衰退，台股未來幾年要重返萬點的機會是微乎其微。

目前市場對於友達的看法多空分歧，原因在於面板股的景氣循環相當快，且獲利不若傳統產業股來得平穩，而其配股率也不高，股價的波動也大，要常常檢視是否已到買賣點，比較不適合安穩的退休人做投資，但是對於能夠掌握波段的人，還是有很大的誘因。

理財小密碼

- 中鋼、台塑、中華電信、富邦金、國泰金、房子、鑽石都是可以考慮的標的。

股票名稱	92年每股盈餘(元)	92年現金股息(元)	配股息比率	91年每股盈餘(元)	91年現金股息(元)	配股息比率	90年每股盈餘(元)	90年現金股息(元)	配股息比率	89年每股盈餘(元)	89年現金股息(元)	配股息比率	88年每股盈餘(元)	88年現金股息(元)	配股息比率	平均5年來的配息率	87年年底買進至今報酬率
2002 中鋼	3.94	3	76.14%	1.86	1.4	75.27%	0.82	0.8	97.56%	2.12	1.5	70.75%	1.76	1.3	73.86%	78.72%	119.54%
2412 中華電	5.03	4.5	89.46%	4.48	4	89.29%	3.86	3.5	90.67%	4.21	5.8	137.77%	4.32	4.76	110.19%	103.47%	-7.12%
1301 台塑	3.45	1.8	52.17%	2.18	1.2	55.05%	1.58	0.7	44.30%	3.35	1	29.85%	2.28	0.9	39.47%	44.17%	75.76%
1303 南亞	2.61	1.8	68.97%	2.22	1.2	54.05%	1.35	0.7	51.85%	4.02	1.1	27.36%	2.64	1	37.88%	48.02%	88.53%
1326 台化	3.92	2.4	61.22%	2.62	1.6	61.07%	1.17	0.6	51.28%	3.54	0.8	22.60%	2.74	0.7	25.55%	44.34%	221.08%
1723 中碳	4.59	3.6	78.43%	3.11	2.4	77.17%	2.91	2.1	72.16%	3.59	1.8	50.14%	1.95	0.7	35.90%	62.76%	114.03%

股票名稱	92年現金股息(元)	當年底現金殖利率	91年現金股息(元)	當年底現金殖利率	90年現金股息(元)	當年底現金殖利率	89年現金股息(元)	當年底現金殖利率	88年現金股息(元)	當年底現金殖利率	平均5年來的現金殖利率
2002 中鋼	3	11.09%	1.4	7.66%	0.8	6.35%	1.5	8.43%	1.3	6.40%	7.99%
2412 中華電	4.5	9.13%	4	7.77%	3.5	6.73%	5.8	7.73%	4.76	-	7.84%
1301 台塑	1.8	3.41%	1.2	2.96%	0.7	2.62%	1	2.86%	0.9	2.08%	2.78%
1303 南亞	1.8	3.89%	1.2	4.49%	0.7	3.14%	1.1	3.95%	1	2.13%	3.52%
1326 台化	2.4	4.55%	1.6	5.07%	0.6	3.16%	0.8	3.84%	0.7	2.53%	3.83%
1723 中碳	3.6	8.56%	2.4	7.28%	2.1	7.75%	1.8	7.35%	0.7	4.13%	7.01%

註 1 ：中華電信在 88 及 89 年的配息策略因為有增加公積配息，所以配息率超過 100%，不過近幾年來的配息率都有接近 9 成，表現也還不差。

註 2 ：五年來的現金股息殖利率是以當年的配息去除以當年底收盤價來做假設基礎

chapter 6

訂做財富人生

一、沒有錢的浪漫

好友寄來一封浪漫的信，還叮嚀我，「一定要看到最後ㄡ！」我果然照著做，看到最後，心情真像洗一趟三溫暖！

妳也跟我一起看這封信：

「沒有錢的浪漫，我可以牽著妳的手漫步在滿佈白沙的海灘；
一元的浪漫，我可以在冷清的公共電話亭旁撥通電話關心妳；
一〇元的浪漫，我可以在炎熱的夏日買支冰棒讓妳消暑解熱；
一〇〇元的浪漫，我可以在寒冷的夜晚買份關東煮溫暖妳手心；
一〇〇〇元的浪漫，我可以陪妳逛西門町買妳喜歡的衣服；

一〇〇〇〇元的浪漫，我可以買手機給妳，讓我倆幸福的聲音零距離；

一〇〇〇〇〇元的浪漫，我可以帶妳飛往妳所嚮往的國度；

一〇〇〇〇〇〇元的浪漫，我可以買部跑車載妳四處兜風遊玩無障礙；

一〇〇〇〇〇〇〇元的浪漫，我可以許諾給妳一個生活無匱的未來

一〇〇〇〇〇〇〇〇元的浪漫，我可以選很多的女人，至於妳嘛……排隊吧。」

好友最後還下一個註解，PS：形容的太貼切了，男人果然不能太有錢！

這個註解，我很認同，不過立刻想到，那女人要不要有錢？女人沒有錢的時候，會去想辦法賺錢。有一塊錢的時候，要去打電話給兒子，問他吃飯沒？有十塊錢，會捧著冰淇淋，餵他心愛的男人；有一百塊會去買關東煮給老母吃，還會記得多挖些熱湯；有一千元的時候，會幫老父買個圍巾，擔心老人家吹風寒。接下來，有一萬元，會幫男友付會錢，有十萬，會去資助男人的事業，有一百萬元，會去……

我想，我不用再說，大家也會知道，接下來的一切一切，女人都會為她所愛的男人付出所有，最重要的是，不會離棄那個人，或是那些人。男女，真是大不同。

我看過很多為錢奮鬥的男男女女，沒錢的時候，總是濃情密意，花前月下，連7-11的冷便當，都美味無比，騎著摩托車，咬著夜市買的烤玉米，也是幸福洋溢。

想要存錢的時候，兩個人一起吃一個便當，連吃自助餐，都會買一份菜，多叫一碗飯，吃起來特有滋味！為了省錢，不看電影，改看HBO或是電視轉播球賽；為了省錢，兩個人意見一致，而且目標明確，沒人喊苦，沒人委屈！

不果有錢之後，一切都變了，大家開始吵「你為什麼不聽我的話？」，也開始計較，誰比較省，誰賺的比較多，誰的脾氣大，甚至八百年前的陳年往事也都提出來吵，哪怕再好的感情也經不起一波又一波的爭執！

每天一句：「我早就告訴你，你就是不聽」這樣的言語暴力，打亂了所有投資的夢想，投資就是「千金難買早知道」，如果都有「早知道」，也不會有很多散盡家財的投資人，最怕的是，錢沒了，可以再賺，情沒了，天涯難覓知音！

在投資領域多年，我常常看到很多省錢兒女，情感濃烈，反而是有錢了之後，感情也變質了，好像大家的賺錢本事變高了，但是維繫感情的能量變薄，還有很多人，賺到錢，就開始嫌棄家中的黃臉婆，那個曾經跟你一起吃冷便當，騎機車吹冷風的女人。如果你現在已經很有錢，不妨回顧一下，沒有錢的浪漫。

二、成為富翁的條件

富翁跟窮人有什麼差別？我先說一個故事，你就會有很大的領悟。

有一個窮人，很窮，一個富翁看他可憐，就起了善心，想幫他賺錢，於是富翁就送給他一頭牛，叫他好好開荒，等春天來了，就可以在土地上撒上種子，秋收冬藏，明年春天來得時候，窮人就可以變成有錢人了。

窮人開始照著富翁的話去做，可是不到一個月，牛要吃草，人要吃飯，日子比過去還難，窮人立刻想到，不如把牛賣了，換三隻羊，然後先殺一隻來吃，剩下的還可以生小羊，長大了拿去賣，可以賺更多的錢。

窮人真的把牛換成小羊，只是吃了一隻羊之後，小羊遲遲沒有生下來，日子又艱難了，忍不住又吃了一隻。窮人又開始計畫：這樣下去不得了，不如把羊賣了，買成雞，雞生蛋的速度要快一些，雞蛋立刻可以賺錢，日子立刻可以好轉。

窮人照計劃把羊換成雞，但是日子並沒有改變，還沒生雞蛋，又殺雞來填飽肚子，終於殺到只剩一隻雞時，窮人徹底絕望。他想：致富是無望了，還不如把雞賣了，打一壺酒，三杯下肚，萬事不愁。隔年的春天來了，富翁好心送種子來，竟然發現牛早就沒有了，房子裡依然一貧如洗。

其實，很多的富翁都是由貧窮開始，當年鴻海董事長郭台銘十萬元起家，還是跟媽媽借的本錢；廣達董事長林百里也是窮苦的僑生來台灣打天下，「萬丈高樓平地起」就是這個道理。只是為何窮人可以翻身成為富翁，最主要的關鍵就在於，沒錢時，不管再困難，也不要動用投資和積蓄，因為**壓力會使你找到賺錢的新方法**，這是個好習慣，也是成為富翁的第一步。

我以前採訪過幾次林百里，聽他的談話，常常是笑中有淚，記得他說以前創業開始，總是要跟溫世仁拎個大型筆記型電腦，當時一台電腦十幾公斤，手上至少要拎三台。溫世人較胖，不是問題，他當年體重不到五十公斤，拎個跟自己差不多重的行李加電腦，總是走的搖搖晃晃，有幾次差點在歐洲的旅館上摔下來，他當時卻沒有放棄的念頭，就是一路跌跌撞撞，到現在「三廣總督」地位。

要成爲富翁，一定要有正面思想上的個性。就想兩個在蓋教堂的工人，一個認為只是不斷的搬磚頭的小工，一個卻認為，他自己正在建立通往上帝的道路。成為富翁，你的一切都要向正面思考，走大路、賺大錢，走小路只有蠅頭小利，搞不好還會賠上老本。

其次，就是要有開闊的心胸，有賺錢是理所當然，賠錢也是花錢買經驗，下次不要再犯就好，不要因為賺錢就四處招搖，一旦賠錢就好像由天堂掉到地獄。有個小學生就寫日記說：今天股票市場一定大跌，因為在學校老師一直罵人，回家爸爸打我、媽媽也不理我…。這不是笑話，這是出現在台灣社會版上的新聞，我在想，如果要成為富翁，結果讓孩子在學校得不到好的對待，回家還要被K，即使賺到錢，成為富翁，人生樂趣盡失，一點人生趣味都沒有。

在投資的戰場中，很多人都有轟轟烈烈、或是可歌可泣的戰績，我常常看到很多人只說自己英勇的一面，卻絕口不提自己慘敗的一面，可能是因為自己位高權重，不好拉下臉來，可是他們還能在市場上奮戰，其實都是有留下隨時「東山再起」的本錢，因此在市場上不會被淘汰，想在市場長久奮戰的人更要以此為警惕。

成為富翁，我覺得有**三大基本的靠山**，**一要靠錢**，起碼有本錢來投資或是創業，都有機會賺到錢，**二要靠人**，人脈通錢脈，過去大家說天時、地利、人和，其中就是希望人脈通達，有朋友可以交心，談天，還可以交換情報。**最後就是要靠守**，如果錢守不住，只能當個暴發戶，錢潮來去匆匆，根本無法當一個安穩的富翁，因此當自己已經稱得上「富翁」（請記住，這是你自己衡量的標準，不必以外界眼光為主）的時候，就是要守住自己的財富，不過做過於高風險的投資，這樣才能當一個安穩富足的富翁。

理財小密碼

- 沒錢時，不管再困難，也不用動用投資和積蓄，因為壓力會使你找到賺錢的新方法，這是個好習慣，也是成為富翁的第一步。
- 要成為富翁：1.要有正面思想的個性。2.要有開闊的心胸。

三、工作優於投資收益

不久前，我才發現我的頭銜已經由「資深媒體工作者」變成「理財專家」，雖然這是外界對我專業的肯定，不過我也擔心，我以前常說的專家就是「專門騙人家」，期許自己不要變成這樣的人才好。

外界如何看待一個理財專家，我並不清楚，不過很多人大概會認為，閒閒美代子、人在家中坐，錢從天上來，賺錢很容易的人，應該都是理財高手的基本特質，我可以肯定的說，絕對不是這樣！至少，我不是。

七十七年，我進入夢寐以求的中國時報系，在晚報擔任證券組記者，當時的薪水不過二萬四千元，隔年，我的努力讓我加薪二千元，當時，媽媽笑我，一個月工作三十天，加薪二千元，一天不到七十元，不夠吃一頓飯！

在當記者的時間內，我每天接觸都是股票，看到每天都有人說「買股票真好，每天睡醒，就會發現帳戶多了幾十萬元」，聽著聽著，我也心動了，我苦苦哀求在擔任公務員的父親給我一點「股票本」，終於在我聲淚俱下之後，爸爸才答應借我三十萬元，我記得，在我二十六歲時候，我已經是百萬富婆，當然，爸爸的老本，我也還了。如果這個故事繼續上演，我現在應該是千萬或是億萬富婆，當然不是這樣，記得在二年的時間，我就經歷了富婆跟窮光蛋兩種天壤之別的身分。

股市的錢，來來去去，我有很多在股市爭戰多年的朋友，一開始都是日進斗金，買名車、豪宅，但是很多也都窮途末路，賠上一屁股的債，有的連命都賠進去。也有極少數的人，就一、兩位，因為在股市中有賺到錢，到現在可以過半退休生活。

我是介於兩者之間，賠過錢，但是命還在，卻也不夠過退休生活，其實回想起來，工作與投資還是有密不可分的關係。可以確定的是當股市行情來的時候，還是可以賺得到錢，我記得，我剛開始跑新聞的時候，先跑機電股、跑食品股，都是苦哈哈的冷門股，後來長官看到我很認真，在八十五年電子股全部發動攻勢的時候，讓我接下炙手可熱的電子股，一來，在多年的投資經驗中，我已經培養了正確的投資觀念，二來，在工作崗位上，我也認真採訪，打探消息，確定產業的發產趨勢，當年投資電子股，是我投資路上，最順暢的一段歷程，所以，這一段的投資果實，與其說是自己對於投資多精準，不如說，自己工作認真，取得長官的信任，不然這樣的「肥缺」也不會落到我的身上。

除了在投資市場上，我看到很多炒股致富的人，但也都是大起大落，有更多的人，更是認為，自己是在替營業員創造業績，因為自己根本就是紙上富貴。其實在我的採訪過程中，有很多年薪千萬元的專業經理人，他們平均一個月的薪水就有七八十萬元，你說一個月要透過理財來賺這樣的錢，並不容易，但是他們有上班就有錢，這點可以證實，工作收入的確比理財的收入來得可觀。

離開我摯愛的中國時報系，的確是很大的掙扎，對一個十八歲就立志要進入中國時報系的我來說，對於這個環境以及人事都有太深的情感，但是看到報業的壓力，長官的沉淪迂腐，我終於二度離開這個娘家，我確定現在**HP**總經理何薇玲的一句話「當一個人，走頭無路的時候，要恭喜他，因為他即將要有突破了！」。

離開報社，我有很長的一段時間都在「等百貨公司開門」中揭開一天的序幕，當然，我也在思考，我要怎樣賺錢，才會有錢花，不會寅吃卯糧，偶然的機會，我成為電視上很受歡迎的來賓，因為我不喜歡說假話，我喜歡說一些投資市場上不公平的事件，其實，以前我在報社時候，就曾經出現在電視上，不過，長官沒有給我正面的思考，總是似有還無的暗貶一兩句，但是我總是認為，很多報紙上不能見光的訊息，卻可以在電視上說，這是一種成就感，後來竟然成為我人生的另外一條大道。

我果然有了新的人生跟工作方向，我現在出書、主持專業電視的財經節目，工作彈性更大、收入更多，又不用受白癡老闆的鳥氣，這樣的成就感就你說是靠理財來的還是靠工作努力來的？

四、吃得下、睡得著、笑得出來

想要判斷投資是否成功?靠得不是技術面、資金面、市場面,而是看一個人是不是吃得下,睡得著,笑得出來,如果你是市場老手,一定贊同我的這句話。

前一陣子,有聽到「專家」的建議,把六成的錢,放在債券,四成放在股市,這樣就是資產配置,這個答案的確比以前的三三三理論,明確多了。我還記得我以前只有五萬元的投資本錢時候,對於三三三至為反感,一來除不盡,二來分成三份之後,每種投資都是一點點,根本發揮不了投資的效用,對於股債四六比之後,有人問道,最近債券長出問題,哪一種債券風險最低?專家說,三十年的美國政府公債，投資人趕快做筆記，我是一身冷汗，因為一張美國公債，美金一百萬元，也就是要有新台幣三千五百萬元才能買一張，依這樣的比重，你大概要有將近六千萬元的資產，才能作專家的資產配置規劃。

其實，不管是我多年的採訪經驗，或是坊間很多的大師級的立論或是理財書籍，要晉升為富翁之林，或者是要做一個專業的、成功的投資者，你需要的不是了解市面上的商品，而是投資的基本概念，這些概念十分清楚、簡單，只是你做不到而已。

一、存款的人睡得飽，投資者吃的好

現代人大概要炒股票、炒外匯、炒期貨，才是理財高手，其實如果你只會儲蓄，也是一個重要的理財方式。我有一個朋友就是把每一分錢都儲蓄起來，雖然大家笑他，但是她說八年前，銀行存款利率還有六％、七％，並不是像這兩年這麼低，尤其他的偶像——馬英九也是把錢都放銀行，她就堅信這樣的方式，結果她的財富守的很好，沒有大賺，至少沒賠，如果要比較股市、期貨中太多人都是賠大錢，這種方式，幸福多了。當然如果想要吃大餐、揮霍過生活，那就還是一句話「富貴險中求」，畢竟，要吃一餐兩百的 **Buffet**，要有二十四萬元存在銀行一個月才行，但是我不能保證，投資者夜夜好眠，因為很難預測投資市場的變化。

二、儲蓄才是根本

致富的關鍵在儲蓄。因為儲蓄才有本錢投資，很多人都是借錢投資，結果一虧本，兵敗如山倒，根本無法創造財富，除了儲蓄之外，需要精打細算、量入為出，我看過一本美國暢銷書，叫《隔壁的富豪》，書上寫，大多數百萬富翁都是買現成的西裝，開普通的福特汽車，在平價商場購物，絕對不是你想到在酒家揮霍的那種。

三、拿時間換取空間

很多人覺得一千萬、二千萬元，遙不可及，現在想存一百萬元，都難如登天，更何況是千萬。但是如果你現在三十歲，希望二十年後有二千萬元，大概每月存一萬元，找到約一二%的工具，就會有二千萬元，想要三千萬元，當然就要找比一二%更高的報酬率。其實這有一個年金計算的模式，對於大多數的人而言，並不重要，重要的是，這是一個觀念，我有一個朋友還算過美金，從二十五歲開始每月儲蓄兩百美元，以八%的年複利投資四十年，就便可擁有一百萬美元，這是很多美國人的夢想⋯⋯。不管是美金或是新台幣，你要越早開始，才能換到更大的空間，否則年紀大、本金少，報酬率又要動輒二十%以上，光看報酬率也知道是天方夜譚。

四、投資共同基金

現代人，大概認為懂得多，就會賺的多，其實不盡然，很多商品的本質差不多，但是灌上新名詞就會不同。例如保本商品，其實也不全然保本，還是會有虧損的風險，很多人分散很多的工具，也沒有比放在銀行穩當，不過我還是要為共同基金說一句話，把時間陣線拉長，基金還是一種很簡單的投資工具。九〇年代的股票型基金年平均年獲利率超過一五%，當然不能期望每年都有這樣的好事，但從長遠看來，股票型基金的獲利仍高於貨幣存款利息與債券，風險也比投資股票少的多，其實很適合一般投資大眾做資產的配置，當然，以長期的績效來說海外基金還是優於國內基金。

五、要有堅定的信念

很多人會做資產配置，但是很少人會去認真執行，就像今年很多人看好股市，於是決定把八成資金放進市場，結果市場一跌，馬上就把股票賣掉，資金抽離，舉個簡單的例子來說，也許股市有八成機會會上漲，只有二十%的機會下跌，剛好在這個時候，你就把股票賣了，損失就會大了，我看過很多在短線賺到錢，但是更多賺到大錢，其實都是波段。

六、合法的節稅

很多人都不知道稅會吃掉辛苦賺來的錢。很多人都說，每年要送給政府一台車，但是自己總是無法買車…，其實一般市井小民，很難節稅，但是財富到一個階段，就需要節稅，就算把錢放在銀行，也要知道避稅的管道，如果累計到一個階段，就需要專業會計師的規劃。還有，在生前妥善規劃遺產，同時以免稅的額度內逐年贈與子女，將可避免過世後被政府收去太多的遺產稅。

七、不要相信太容易賺到的錢

投資風險很高，千萬不要輕易相信高獲利的廣告，高獲利往往伴隨的就是高風險；這是老生常談，你不得不信。當然，如果有人從未上市的股票、期貨或外匯交易賺進好幾倍的獲利，不要眼紅。要記住：吃得下，睡得著，笑得出來，長期而穩健的獲利，才是投資致富之道。

理財小密碼

- 如果你沒有持續的熱情理財，沒有養成理財習慣，你只會離財富越來越遠。